犀の角のようにただ独り歩め

――「スッタニパータ」

ポストコロナ期を生きるきみたちへ

晶文社

装丁　佐藤直樹＋菊地昌隆（アジール）
イラスト　ＯＮＪＩ

まえがき

みなさん、こんにちは。内田樹です。

今回のアンソロジーは『ポストコロナ期を生きるきみたちへ』というタイトルです。

僕が編者になって、いろいろな方にご寄稿をお願いして一冊を作るという企画は、これで『人口減少社会の未来学』（文藝春秋）、『街場の憂国会議』『日本の反知性主義』『転換期を生きるきみたちへ』『街場の平成論』『街場の日韓論』（以上晶文社）に続いて7冊目となります。

今回は『転換期を生きるきみたちへ』と同趣旨で、中学生高校生を想定読者にしたものです。どういう趣旨の本であるかをご理解頂くために、寄稿者への「寄稿のお願い」を再録しておきます。まずはこれをどうぞ。


みなさん、こんにちは。内田樹です。

またまた晶文社からのアンソロジーへのご寄稿の依頼です。

今回のお題は『ポストコロナ期を生きるきみたちへ』というものです。いつものように安藤聡さんにご提案頂きました。

タイトルから知れる通り、中学生高校生を想定読者に、彼らの前に開ける世界の風景がこれからどう変わるのか、その未知の領域に踏み入るに際して、どういう心構えや備えをしたらよいのか、みなさまから助言と支援をお願いしたいと思います。

以前同じような趣旨で『転換期を生きるきみたちへ』というアンソロジーを編んだことがあります。そのときに寄稿をお願いするときに、編者として「中高生を想定読者に書くことは楽しいですよ」ということを強調しました。

どうして楽しいかというと、中高生を対象に書くと、話が根源的にならざるを得ないからです。大人同士だと、いろいろな専門用語について、「わかったつもり」になって話が進みますが、中高生相手だと、その手が使えない。一つ一つについて「これはですね」と噛んで含めるように説明する必要があります。「資本主義」でも「貨幣」でも「国民国家」でも「一夫一婦制」でも、そういうあたかも自然物のように目の前にあって、どこをどう押したらどう動くかわかっているせいで、ふだんはわれわれが根源的に思考することを免除されている概念についても、中高生相手に知的に誠実に対応しようとしたら、きちんと自分の責任で定義してみせる必要があります。

伊丹十三があるときに「野球のことをまったく知らない女性読者に野球の面白さを説

明する」という寄稿依頼を受けて、食指をそそられたということをエッセイに書いています。「ピッチャーとキャッチャーは味方同士です」から始めるのです。実際に伊丹十三はそのようなエッセイを書き残してはいませんが（と思います）、あったら読みたいですね。

サルトルもどこかで「火星人にサッカーの面白さを説明する」という設定を、ものごとを根源的に考える構えの喩《たと》えとして挙げていました。それを読んで、僕も腕を組んでしばらく眼を中空に泳がせて考えたことがあります。火星人にどう説明したらいいんでしょうね。たぶん「空間は『フェア』と『ファウル』に分けられる」「ボールは『生きている』か『死んでいるか』のどちらかの状態にある」「どこで、どういうふうに『死んだ』かによって、ボールの意味は決まる」……そういういくつかの根源的なルールを書き出すことになるのじゃないかと思います。そして、そうこうしているうちに、ボールゲームが遊びを通じて子どもたちに人間世界のコスモロジカルな構造を刷り込むための教化的な装置であるということに思い至る……そう考えると「ものごとを根源的に説明することの功徳」というのはたしかにあると思います。

今回のコロナパンデミックによって、僕たちの世界はその「外装」を剝《は》ぎ落とされて、そのなんともみすぼらしい骨組みが露出しました。

グローバル資本主義というのは人・モノ・資本・情報が国民国家の国境線を自由に超えて超高速で行き来するというシステムのことです。でも、感染拡大のせいで、電磁パルス以外の形状のものは簡単には国境線を越えることができなくなりました。ブレグジットと「アメリカ＝メキシコ国境の壁」に続いて、今度のパンデミックで、国境線といういずれ賞味期限が切れると思われていた政治幻想は強固な現実として再構築されました。

グローバル資本主義は「金さえ出せば何でも買える」という信仰箇条の上に基礎づけられていましたが、実は「マスク」一つさえ買えないことがあるということもわかりました。

「必要なものは・必要なときに・必要なだけ・金を出して買う」という「ジャスト・イン・タイム・システム」による在庫ゼロをスマートな経営の理想にしていた国はどこも医療器具・医薬品の戦略的備蓄の不足に苦しみました。

「商品」として仮象しているモノのうちには「ほんとうに要るもの」と「ほんとうは要らないもの」があるということも、今回の教訓の一つでした。自動車やコンピュータは「あると便利」ですけれども、「ないと死ぬ」というものではありません。でも、医療資源や食料やエネルギーは「ないと死ぬ」。そういう物資を他の商品と同列に扱うことはできません。でも、資本主義はその平明な事実を隠蔽してきた。「ほんとうに要るもの」を人々が市場で調達することを控えて自給し始めても、「ほんとうは要らないもの」を手に入れるために命を削ることを止めても、資本主義は立ち行かなくなるからです。

医療は商品だという信憑《しんぴょう》も崩れました。医療は金を出して買うものである、金がない者は医療を受けることができない、病気で苦しんでも自己責任だというのが新自由主義の時代の「常識」でした。でも、一般の疾病はそれで済んでも、感染症相手にはその「常識」が通用しません。アメリカにはいま2750万人の無保険者がいます。彼らは発症しても適切な治療が受けられないままに重症化します。放置しておけば、彼らを感染源にウイルスは蔓延《まんえん》し続ける。感染症は「全住民が等しく良質な医療を受けられる社会」でなければ抑制できない疾病です。そして、アメリカはこれまでそういう社会ではなかった。

ウイルス一つによって、わずか数カ月の間に、ほんの昨日までこの世界の「常識」だと思われていたことのいくつかが無効を宣告されました。それがどのような歴史的な意味を持つことになるのか、人々はまだそのことを主題的には考え始めてはいません。

日々の生活に追われて、そんな根源的なことを考える暇がありませんから。

でも、中高生たちはこの「歴史的転換点」以後の世界を、これから長く生きなければなりません。彼らに「生き延びるために」有益な知見や情報を伝えることは年長者の義務だと僕は思います。


とりあえず、僕たちの世代は、戦争の余燼《よじん》のうちで育ち、すべてが瓦解《がかい》した敗戦国が復興してゆくプロセスをまぢかに観察し、バブル期の栄耀栄華を享受し、「失われた30年」で国運が衰微してゆくさまを砂かぶりで見てきました。「祇園精舎の鐘の声」に多少とも聞き覚えがある。そして、歴史的激動の中で、大廈高楼《たいかこうろう》が崩れ落ち、位人臣《くらいじんしん》をきわめた勢力家が見る影もなく没落してゆくさまを見ると同時に、どれほど世の中が変遷しようとも揺るがないたしかなもの、移ろわぬものがあることも知りました。

僕たちがそれぞれの立場においてこれまで味わってきた高揚感や多幸感や幻滅や苦渋は、僕たちの知見に多少の奥行きと深みをもたらしてくれたのではないかと思います。その一部を、これから先の見えない世界を長く生きてゆかなければならない少年少女たちのためにささやかな「贈り物」として差し出したらどうかというのが僕からの提案です。

今回の寄稿者ではたぶん僕が最年長です。寄稿をお願いする若い書き手の中には、「戦争の余燼」も「バブル期」もぜんぜん知らないんですけど……という方もおられると思います。でも、ご懸念には及びません。書き方が悪くてすみません。あれは「僕の世代」の話で、それ以外の世代にはもちろんそれぞれの時代経験があります。そして、どんな時代に生きていても、みなさんはその時代固有の「祇園精舎の鐘」は聴き取ってこられたと思います。そして、いつの時代でも、「変わるもの」と「変わらぬもの」があることは熟知されていると思います。

ですから、寄稿依頼をお引き受けくださった方たちが書いてくださることは、ひとりひとりずいぶん切り取り方が違ったものになると思います。もちろん、それこそ僕が願っていることです。みなさんはこれまで積み上げて来た経験が違うし、「これからの世界はどうなるのか」の予測が違う。そして「どの程度の知的水準の読者を想定するか」の設定が違う。

とりわけ「未来予測」と「想定読者」についてはできるだけ寄稿者ごとにばらけてくれることを僕は願っています。ちょっと遠目で見たときに「穴だらけのチーズ」のようなものであるのが望ましい。サイズも違うし、形も違う「穴」があちこちに空いていて、たくさんの「取り付く島」があるような論集が僕の理想です。

おそらく同趣旨の本の企画がたぶんいまいくつも並行して走っていると思いますから、「もう似たようなものを書いたから」という理由で寄稿をお断りになる方もいると思います。その点はぜんぜん気にしないで結構です。中高生たちが「取り付く島」はこの本だけじゃなくて、できるだけたくさんあった方がいいに決まってますから。

僕からは以上です。できるだけ多様な知見を中高生たちに触れてもらいたいと僕は願っています。ご協力くださいますよう拝してお願い申し上げます。

字数とか締め切りとかについては晶文社の安藤さんの方から詳しいご連絡があると思います。どうぞよろしくお願い致します。

2020年5月

内田樹

以上が「寄稿のお願い」です。これだけ読んで頂くだけで、この本が何をめざすものであるかは、ほぼおわかり頂けたと思います。

実際に集まった原稿を読んでみたら、寄稿者のみなさんもこの趣旨をご理解くださって、それぞれが「いまの中高生にとって一番たいせつなこと」と思えるトピックを選んで、それについて情理を尽くして語ってくれました。

寄稿してくださったみなさんのご厚意に心から感謝申し上げます。

全部を通読した僕の感想は、寄稿者のみなさんが「ずいぶん親身」だったということです。ふつう年長者が中高生に向けてものを書くときには、どうしたってもう少し「説教口調」というか微妙に「上から目線」になるものです。でも、そういう印象を残す書き物は今回のアンソロジーにはありませんでした。

どうしてなんだろうと考えました。僕の仮説はこうです。今回のパンデミックであらわになった日本社会の欠陥について、寄稿者のみなさんはそれぞれに個人的な「責任」を感じている。私たちが「ちゃんとして」いなかったから「こんなこと」になってしまった、「こんな不出来な社会」を後続する世代に遺《のこ》すことになってしまった。自分たちは後続世代のために、日本社会をもっと「まともなもの」にしておくべきだった。その責務を果たし切れなかった。パンデミックで露呈した日本社会のもろもろの欠陥に対して、自分たちはわかっていながら、それを補正し切れなかった。そのことについての悔しさが行間にはにじんでいたように思います。

だから、僕たちから想定読者である中高生に向かって言うべき言葉はまず「ごめんなさい」です。もう少し「まとも」な社会を手渡したかったんだけれど、うまくゆかなかった。その点について日本の大人たちは中高生に「ごめんなさい」を言わなければならないと僕は思います。読者に対する謝罪から始まる本というのはあまり見たことがありませんけれど、これはそういう例外的な一冊です。みなさんが、これから先、この社会をどうやって少しでも住みやすいものにしてゆくか、それについてのヒントがこの本の中にあることを心から願っています。

２０２０年10月

内田樹

ポストコロナ期を生きるきみたちへ　目次

4. Letters from over 60

5. Letters from over 70

1.

Letters from around 30

アラサー世代からのメッセージ

ポストコロナにやってくるのは気候危機

斎藤幸平
経済思想

ウイルスと気候変動

ポストコロナの時代には、大人たちに助言を求めるのを止めたほうがいい。偉そうに何かを言ってくる大人がいたら、無視していいのではないか。本来、大人たちに、これからの世代に助言を与える資格などないのだ。この危機を作り出したのは、大人たちなのだから。

だから、私自身を含め、大人たちはまず謝らなくてはいけない。

新型コロナウイルスが流行したせいで、君たちは学校に行けなくなり、勉強に遅れが出た。卒業式や修学旅行もなくなった。部活もできないし、友達と気軽にカラオケにも行けない。学校生活が一変してしまったことについて、私たちは、謝らなくてはならない。

同じ島国の台湾やニュージーランドのように、感染症が広がらないように、日本ももっとうまく対処できたはずだ。日本で、ここまで感染が広がってしまったことは、政治的失態である。

けれども、政治だけのせいではない。大人たちは、もっと別のことを謝らないといけない。今回の感染症の大流行は、現代社会が抱えているもっと根本的な矛盾が、たまたま感染症という形で露呈したにすぎない。真の問題はもっと深いところにある。そして、それは今回のウイルスに対するワクチンが開発されたとしても、なくならないものだ。

そう、大人たちが地球全体で、向こう見ずな環境破壊を続ける限り、同様の危機は繰り返し、また別の形でやってくる。人間は自然の一部であるにもかかわらず、自然を破壊しつくそうとするなら、そのしっぺ返しは、コロナだけでは終わらない。

私たちの時代は「人新世《ひとしんせい》」と呼ばれる。人類の経済活動が地球全体を変容しているという意味だ。

なかでも、特に深刻な人新世の危機が気候変動である。このまま突き進めば、気候変動はもっと深刻な危機的状況を、今後数十年のうちにもたらすことになる。しかも、気候変動は不可逆的で、元の状態に戻す治療薬は存在しない。

実際、産業革命前と比較して、わずか1℃の気温上昇であっても、すでに、世界中で、豪雨、洪水、干ばつ、熱波、山火事などの異常事態が発生している。日本でも、スーパー台風や梅雨の集中豪雨、酷暑など、気候変動の影響が出てきている。

ところが、このままのペースで二酸化炭素排出が続くなら、2100年には、世界の平均気温は、なんと約4℃も上がってしまう。そうなれば、世界中で、深刻な食糧危機や水不足が発生し、もはや、東京や大阪のような大都市での生活は維持不可能になる。

忘れっぽい大人たち

だから、本当は今すぐにでも、大胆な行動を起こさないといけない。けれども、大人たちは忘れっぽい。

「自然を大切にしよう」親や先生から、何度もそう言われたに違いない。にもかかわらず、大人たちは、自然をまったく大切にしてこなかった。痴呆症のように自分で言ったことを忘れてしまうのだ。

子どもたちに忠告した後、大人はスマートフォンでインスタグラムやＦａｃｅｂｏｏｋを開く。そこには、海外旅行、ＢＭＷやポルシェ、ブランドの洋服、高級レストランといった華やかな世界がある。たくさんお金を稼いで、ＳＮＳで自慢できるような生活をすることが、カッコいいと本気で思っている大人が、世の中にはどれだけ多いことか。問題は、その憧れの生活が「自然を大切にする」ことと相容れないという事実である。

たしかに、華やかな生活は魅力的だ。スーパーやデパートに行けば、世界中のものがなんでも手に入る。欲しいものも、無限にあるだろう。

けれども、そうやって、何でも手に入るような暮らしを続けるためには、いろいろな資源を世界中で掘りつくして、日本に集めてこないといけない。例えば、和食は美味しいと言うけれど、日本は食料自給率がとても低く、3割台しかない。種子、肥料、耕作機なども入れると、ほとんどが海外からの輸入に頼っている。「日本の食卓の豊かさ」などというものは幻想だ。海外の食品を買い叩いているにすぎない。300円の牛丼は、まさにその象徴である。

食事だけでない。石油、石炭、アルミニウム、リチウム。私たちの日常に欠かせないものの原料は、多くが外国からの輸入品である。日本の豊かな生活の裏では、熱帯雨林の森林伐採が進行し、生態系が破壊されている。

要するに、今の日本の豊かな生活が地球にかけている負荷は計り知れない。今の生活は、便利で、快適だが、その便利さは、「遠くに」住む人々やその自然環境に極めて大きな犠牲を強いているのである。

ところが、これまでこうした犠牲は、ブラジルとかインドとか、日本人の生活には直結しない、「遠いところ」で繰り返されてきたため、無視されてきた。それがついに、気候変動やパンデミックという形で、日本でも深刻な問題を引き起こしつつある。

今後、気候変動によって、世界的な食糧危機が生じれば、食料自給率の低い日本も影響を被る。その時、私たちの生活はどうなるだろうか。今回のパンデミックの時に、マスクや消毒液も手に入らず、困ったのを思い出そう。

一見、とても豊かで、なんでも売っているようにみえるけれど、実は、日本は生活に必要不可欠なものを作ることができない。利益優先で、効率性やコストカットだけをひたすらに求めていくと、最終的には、思わぬ形で、危機への対応力を失ってしまうのである。

ここでのスキャンダルは、多国籍アグリビジネスや石油メジャーは、ウイルスや気候変動の危険性を十分にわかっていたのにもかかわらず、自然の破壊を続けてきたということである。パンデミックも気候変動も、科学者たちは警告していた。けれども、そうした警告は、意図的に無視されたのだ。

なぜだろうか。大人たちは、乱開発から恩恵を受け、豊かな生活を享受することができたからだ。だから、政治家も、企業も、そして私たち消費者も、そのような行為を黙認し、問題解決を、ひたすら先送りにしてきたのである。

そして今、大人たちが楽な選択をしてしまったことのツケを全部、未来の世代に払わせることになっている。間抜けな大人たちの尻ぬぐいを、子どもたちに押し付けてしまうことを、大人たちは本当に反省しなくてはならない。

未来への大分岐

そんななか、今回の新型コロナウイルスは多くのことを気付かせてくれた。人類は今度こそ反省し、失敗から学ぶ必要がある。もしかすると生活を改めるためのラストチャンスかもしれない。その意味で、私たちは未来の分岐点に立っている。

まず、専門家や政治家は、ウイルス対策を必死に考えているけれど、なかなかうまくいっていない。これだけ経済や技術が発展していても、ウイルスのような自然の脅威を前にしては、結局人間は無力なのだ。社会の繁栄というのは、非常に脆弱《ぜいじゃく》で、繊細なものなのである。だからこそ、人間は自然を自在に支配できるという驕《おご》りを捨てなくてはならない。自然を健康な状況にしておかなければ、そのしっぺ返しは、自分たちのところへ跳ね返ってくる。

また、私たちは「ソーシャルディスタンス」に、日々苦労している。距離を取ろうとすればするほど、私たちは普段どれほど他者とつながっているかを痛感させられるのだ。今まで当然のように手にしていた商品も、生産、物流、販売、デリバリーなど、多くの人の手を通して、自分たちのところに届く。他者とつながることでのみ、私たちの生活は可能である。けれども、それが同時に感染拡大のリスクになっている。

そんななか、世の中には、大金持ちで、最新テクノロジーを駆使して、快適なテレワークをしながら、アプリで食事や買い物のデリバリーを頼んでいる人もいる。けれども、医療、保育、教育、介護などの「エッセンシャルワーク」と呼ばれる、社会にとって不可欠な仕事に従事している人は、他者と距離を取ることができない。そうした人は、大きなリスクに晒《さら》されながら、低賃金で必死に働いている。

気候変動の場合も、もしあなたがとても裕福であれば、別の国に引っ越せるかもしれない。水や食糧の価格が高騰しても、問題なく支払うことができるだろう。でも、そんなことができるのは、一握りの人だけだ。

その一握りのグループに入ろうとして、必死に頑張るのも一つの選択肢である。けれども、今のような大量生産・大量消費を続けるなら、「普通の」暮らしをできる人の数はますます減っていく。そう、コロナ禍で、「普通」の生活をできる人が大きく減ってしまったように。

危機が深刻化するときには、今まで通りのルールのもとで、自分だけが勝ち残ろうとしても、うまくいかない可能性が高い。地球は一つで、人々はみなつながっているのだから。

私たちはこのまま自然を破壊する道を突き進んで、分断や孤立化を推し進めるような社会をつくるのか。それとも、人々とのつながりや相互扶助、連帯や平等を重視し、自然を大切にする持続可能な社会への転換を図るのか。その分岐点に、私たちは立っている。

未来がどうなるかはわからない。けれども、有限な地球で無限の経済成長を目指すことは、どう考えても、不可能である。だからこそ、経済成長を最優先にしたシステムからの大転換が今こそ必要なのではないか。経済成長ではなく、自然との共存や人々の幸福を重視する経済への転換が。

ところが、資本主義で競争して、自分だけが生き残ることに必死になっている大人たちには、この社会を変えるためのビジョンを思いつくことができない。

だとすれば、新しい世代が立ち上がって、社会を動かすしかない。

未来は自分たちで作る

いま、世界では、Z世代と呼ばれる2000年頃以降に生まれた子どもたちが、社会を変えるために必死に声を上げている。そう、みなさんと同じ世代である。

なかでも有名なのは、15歳の時に、たった一人で、国会議事堂の前で座り込みを始めたスウェーデンの環境活動家グレタ・トゥーンベリだろう。

彼女が行動した理由は単純だ。大人たちが自分たちの家（＝地球）が燃えているにもかかわらず、気候危機を危機として扱わないからだ。スピーチのなかで、彼女はこう述べている。

「責任を負うべき人はいます。一部の人々――とりわけ一部の企業や決定権を握る人々――は莫大なお金を儲け続けるために、どれほど貴重なものを犠牲にしているか正確に知っているのです。私は、そうした企業や決定権を握る人たちに、気候に関して表面的でない大胆な行動を起こしてくれるよう要求します」

もちろん、冷笑的な大人たちは、「そんなことはムリ、子どもは現実をみていない」と言う。それが現実主義でカッコいいと、本気で思っているのだ。そして、君たちを「ゆとり世代」なんて呼んで、小馬鹿にしながら、責任転嫁している。

けれども、気候変動についても、たった一人の抗議活動から始まったZ世代の運動が、社会を動かしつつある。これまで環境団体が必死に署名活動やデモをやってもなしえなかったような、大きな成果をもたらしつつあるのである。

例えば、欧州は、２０５０年までに二酸化炭素排出をゼロにするために動き出している。「欧州グリーンディール」だ。ドイツは、２０３８年までに石炭火力発電もなくそうとしている。石炭火力発電を横須賀や神戸に建設中の日本と比べてみてほしい。

未来を作るのは君たちだ。声を上げなければ、今までの古いやり方が惰性で続けられてしまい、状況は悪化するだけだろう。それは、負担を先送りしたい大人にとっては都合がいい。だが、それはフェアでない。古いやり方ではうまくいかなくなっている時代だからこそ、若い世代の新しい発想が必要である。

冒頭で、偉そうに何かを言ってくる大人は無視して構わないと言った。理由はもう一つある。大人たちだって、これから作るべき新しい社会の答えを知らないのだ。答えはまだ誰にもわからないような危機に今人類は直面している。答えがわからないからこそ、一から一緒に、みんなで考えようという姿勢が、ますます大事になる。

だから、君たちが声を上げるときは、「ムリだ」という冷笑主義者の言うことは気にしないでほしい。「ムリ」かどうかも、本当のところ、誰にも「わからない」のだ。彼らはただ、今の不合理なルールに慣れ切ってしまっていて、考えることを止めてしまっているだけである。

でも、彼らも自らの誤りに、いつかは気が付くことはできるはず。大人も自分たちの過ちを反省し、君たちと一緒に行動することができるはずだ。だから、僕らが頭を下げてきたら、どうか仲間に入れてあげてくれないだろうか。

楽しい生活

——僕らの Vita Activa

青木真兵
人文系私設図書館「ルチャ・リブロ」キュレーター

都市と山村

コロナ禍でも、僕たちの生活はほとんど変わりませんでした。

２０１６年の春、僕と妻は人口約１７００人の山村、奈良県東吉野村に移り住みました。高齢化率56％、つまり二人に一人以上が65歳のこの村は、過疎地域と呼ばれています。疎が過ぎると書いて過疎。疎は密の反対です。緊急事態宣言まで発布され避けられた密なんて、もともとこの土地には関係ありません。だから僕たちの生活は、コロナ禍にほとんど影響されなかったのでした。

そもそも、なぜ過疎の山村に引っ越したのか。2011年3月11日の東日本大震災あたりから、都市生活の「脆《もろ》さ」が気になって気になってしょうがなくなってきました。都市はとても便利です。生活する上で、お金によって得られないものは基本的にありません。昔だったら知人に頼んだり、休日を潰して自分で作ったり、専門的な技術がないために諦めていたことが、お金さえあればすぐに手に入ります。それが都市です。でもそのせいで、すべてが「お金の問題」として語られてしまう。

今回のコロナ禍で最も大きなダメージを負ったのは経済でした。買い物や外食をする人がいなくなり、スポーツやライブ、祭りといった「エンターテイメント」はすべて禁止されました。人が家から出ないと経済が回らない。経済が回らないと人びとの仕事がなくなっていきます。実際、お店を畳むことにした友人もいますし、就職の内定が取り消された大学生、契約を切られてしまった派遣社員もニュースになっています。コロナ禍で分かったのは、人の活動によって経済が回っていたということ。つまり、人の活動と「お金の問題」は直結しているのです。

便利な都市生活は、人の活動すべてを「お金の問題」として解決します。コロナ禍によって外出が自粛され、未来が見えないなかで、人びとはお金を使わなくなりました。本来、人びとはお金を出して「商品」を買います。つまり経済が回らなくなるとは、商品が買われなくなることを意味します。そして仕事がなくなるとは、「労働力」という商品が買われなくなるということです。すべてを「お金の問題」で解決できる都市生活を送っていると、自分自身を商品としてしか見られなくなっていく。都市生活の「脆さ」とは、仕事が失われた時に自分の存在意義を、簡単に手放さなくてはならないということです。

今、僕たちの住んでいる山村には就職先がほとんどありません。もちろん流行りのスイーツや映画館、ショッピングモールも近所にはありません。だから外食や買い物はほとんどできません。でも僕たちは「楽しい生活」を送っています。確かに、どれが誰の車か一目で分かってしまうプライバシーのなさや、地域や共同墓地の清掃、消防団の訓練など、自分のことだけじゃなくてなぜ他人のこともやらねばならないんだと考えてしまうと、めんどくさいことは多々あります。

便利な都市とめんどくさい村という構図は、密と疎の関係にそのまま反映されます。人びとが便利な都市にこぞって住んだことで、過密は生まれました。人びとが集まり、そこでお金を使う。そのお金によって生活を行う。都市はすべてを商品とみなす経済で、効率的に回っています。一方、めんどくさい村から人びとが出ていった結果、そこは過疎になりました。もちろん村にも商品経済はありますが、それ以外の経済も残っています。分かりやすい例が「おすそ分け」です。村の経済は商品とおすそ分けの二本立てで成り立っています。そのおかげで自分のことを労働力という商品だと思わずに、そもそも人が生きるのに価値があるとかないとか「どうでもいいじゃん」と思える「余地」が残っている。おそらくこの点が、僕らが村で今のところ「楽しい生活」を送ることができている要因の一つではないかと推測しています。

お金を稼ぐための労働

さて、そもそも人はどのように生きていくべきなのでしょうか。20世紀を生きた偉大な哲学者ハンナ・アーレントは、人間の営みを「労働、仕事、活動」の三つに分類しています。アーレント研究者の百木漠《ももきばく》氏によると、労働は生命維持のための営み、仕事は耐久的な使用物を製作し「世界」を創り出す営み、活動は他者とのコミュニケーションを意味すると言います。アーレントは古代ギリシア時代を模範としていたので、活動、仕事、労働の順番で重要だと考えていました。古代ギリシア時代は市民社会で、労働は奴隷のもので、仕事は職人がし、活動こそ市民がすべきことだったのです。しかしアーレントは、産業革命が起こり近代社会に入ると人間の生活における優先順位がひっくり返り、労働が価値の最上位に来てしまったことを問題視した、と百木氏は述べています。

活動、仕事、労働と分かれていたはずの人間の営みを、すべて労働が飲み込んでしまった。つまり人間の価値が、「どれほどの労働力を持っているのか」という「生産性」でのみ判断されるようになってしまった。人間イコール労働者です。しかし現代社会では労働者は雇ってもらわないと、いくら素晴らしい労働力を持っていたとしても労働者にはなれません。つまり就職できない人間は「売れ残り商品」でしかないのです。嫌な世の中です。

さて、先ほどは僕たちがなぜ山村に引っ越したのかを説明しました。では僕たちは東吉野村で何をしているのか。まず自宅を図書館として開いています。そして僕の専門である古代地中海史の研究やヨーロッパ史の講義を、月に1、2回ほど大学やカルチャーセンターで行っています。それ以外の日は障害者の方の就労支援をしています。アーレントの分類に当てはめると、図書館運営は「活動」、歴史研究は「仕事」、就労支援は「労働」ということになるのでしょうか。しかし図書館運営にも仕事的要素はあるし、就労支援にも活動的要素が存在しそうです。ここで大事なことは、自分の営みをどれかに分類するのではなく、すべてが「お金を稼ぐための労働」に飲み込まれていないことです。

ご存知のとおり、図書館を開いてもお金は稼げません。本を貸しているだけなので金銭の授受はありませんし、誰かに「図書館をやれ」と雇われているわけでもありません。歴史研究も僕が勝手にやっているだけなので、基本的にお金は生まれません。ただ大学やカルチャーセンターで講義をすると、講座単位でお金がもらえます。ということで、僕が自分の労働力を商品に変えて対価をもらっているのは、ほぼ就労支援の仕事だけだといえます。何かを勝手にやることは商品経済に含まれない。商品経済に含まれない部分を営みのなかにきちんと持っていることも、「楽しい生活」を送る上での大事なポイントの一つです。

ここで再びアーレントの言葉を参考にしたいと思います。Vita Activaという概念です。Vita（ヴィタ）とは英語の life（生活）を意味し、Activa（アクティヴァ）は英語の Active（活動的な）です。Vita Activa は「活動的生活」や「活動的生」と訳されています。

> 〈活動的生活〉とは、なにごとかを行なうことに積極的に係わっている場合の人間生活のことであるが、この生活は必ず、人びとと人工物の世界に根ざしており、その世界を棄て去ることも超越することもない。（ハンナ・アーレント著、志水速雄訳『人間の条件』ちくま学芸文庫、１９９４年、43頁、強調は筆者）

アーレントは「〈活動的生活〉とは、なにごとかを行なうことに積極的に係わっている場合の人間生活のこと」と述べています。どうすれば僕たちはVita Activaを手に入れ、「なにごとかを行なうことに積極的に係わる」ことができるのか。ここまで述べてきたように、自分の価値を「お金を稼ぐための労働」だけに絞らないことはとても重要だと思います。自分自身のなかには、商品に変わるような労働力もあれば、本来は商品にそぐわない「感性」と呼ぶしかないものもあります。人が何かに積極的に係わっている時は、労働力と感性が合わせてフル回転している。その時、人は「楽しい」と感じるのだと思います。だから僕はVita Activaを「楽しい生活」と呼びたい。

二つの原理にまたがって生きる

では、この「楽しい生活」を送るためには何が必要なのか。僕は「二つの原理にまたがって生きる」ことが重要だと思っています。例えば、僕たちが都市生活の脆さに気がついたことは前に述べました。なぜ都市が脆く弱いかというと、生活が一つの原理だけで動いているからです。つまり、「すべてをお金で解決する」という原理です。一つの原理だけが働く場では、今回のように疫病や災害が起こった時に、人びとは大きな変化を強いられざるをえない。二つの原理が働く場所は、一見不安定です。でもよく考えてみると、不安定な方が自然です。山村に暮らして気がついたことは、「一定していない」ことが常識であること。春夏秋冬、気温や湿気が異なるのは当たり前ですが、周囲の木々や草花、虫や小動物など、一年中同じように行動している生き物は存在しません。その時々の状況に応じて、土に潜るなり、日向《ひなた》に出てくるなり、葉を落とすなり、花を咲かせるなり、生き物に応じてその容態はさまざまですが、とにかく「ずっと同じ」であることはありえない。人間も生き物である以上、本来はずっと同じであるはずがない。「日々異なる」方が自然です。

　極端もよくない。今僕たちが暮らしている村は過疎地域で、あと10年もしたらおそらく存続できないコミュニティが多数出てくるのではないかと思います。一方、コロナ禍で多くの被害が出ている大都市は人口が過密です。特に東京の満員電車は明らかに異常です。過ぎたるは及ばざるが如し。そうした意味で、過疎でもなく過密でもない「ちょうどよい」状態を最近では「適疎」というそうです。実は先ほど引用したなかで、アーレントも同じようなことを言っています。

〈活動的生活〉とは、なにごとかを行なうことに積極的に係わっている場合の人間生活のことであるが、この生活は必ず、人びとと人工物の世界に根ざしており、**その世界を棄て去ることも超越することもない**。（ハンナ・アーレント著『同前』、強調は筆者）

適疎な状態を「棄て去ることも超越することもない」とアーレントは言っていますが、僕は「棄て去ったり超越したり」しても良いのではないかと思っています。人は失敗して学ぶ生き物です。「二つの原理にまたがって生きる」ためには、二つの原理を往復しながら、トライ&エラーでこの生き方を身につけていく。僕はこのプロセスを「土着」と呼んでいます。またウィーン生まれの哲学者、イバン・イリイチはこのように述べています。

わたしたち自身が暮らすこの世界以前のすべての世界、少なくともわたしが多少は知っている世界では、此岸にあるものと彼岸にあるものとの間には照応関係があるということは確たる信念の一つです。（イバン・イリイチ著、デイヴィッド・ケリー編、臼井隆一郎訳『生きる希望――イバン・イリイチの遺言』藤原書店、2006年、230頁）

イリイチによると、もともと人類は二つの原理の世界に生きていた。この二つは全く別々のものだったわけではなく、「照応関係」にあったといいます。ちなみに此岸は「こちらの世界」で、彼岸は「あちらの世界」を指します。こちらとは生者の世界、あちらは死者の世界という意味です。そして照応関係とは「相互に補完的かつ構成的で、一方の存在が他方を包括している」と、イリイチは別のところで説明しています。つまり「切っても切れない関係」だということです。一つにはならず、二つであり続ける。人類は「生と死」のように、必ずセットで存在しているもので構成され、生きてきたのです。

人間のなかにある労働力と感性は、本来は矛盾し合うものではなく「切っても切れない関係」にありました。都市生活はすべてを「お金の問題」で解決しようとします。しかし本当に活き活きとした「楽しい生活」を送るためには、きちんと感性が働いている必要がある。ただ、労働力は分かりやすく他人の役に立つため、生活費と短期的な自尊心の充足を与えてくれます。これも人間が生きていく上で不可欠な要素なのです。しかしそれだけになってしまうと、人は上からの命令をただ実行するだけの「感性を失った労働者」になってしまう。それではあまりに陳腐です。

感性とは「おや?」と立ち止まるべきタイミングに気がつく力です。これは「きちっと」した形を持っていないため、「なんとなく」でしか分かりません。この「なんとなく」を知覚できる力が感性です。感性は不安定です。しかし不安定であることの方が生き物としては自然です。生き物としての自然を取り戻すためには、自分と内外の環境が「照応関係」になる必要があります。「なんとなく」を感じる自分のなかの小宇宙と、星空、大気、種々の生き物が暮らす森などの大宇宙が、「切っても切れない関係」であることを感じる。実はそれはポストコロナ社会において、死活的に重要なことになってきます。

「楽しい生活」はそこから始まります。

※このエッセイは友人、百木漠氏の研究『アーレントのマルクス――労働と全体主義』（人文書院、2018年）から大きくインスピレーションを得ています。感謝申し上げます。

これからの反乱ライフ

えらいてんちょう（矢内東紀）
起業家・作家

社会に適度な「反乱」を

えらいてんちょうと申します。29歳で、起業家、作家、ユーチューバーなどとして活動しております。起業家としてはリサイクルショップ、学習塾、バーの経営などをしてきました。今回縁あって、ポストコロナの「反乱」について寄稿させていただきます。

私は全共闘の活動家だった両親の下に生まれました。全共闘とは1960年代、とくに1968年に日本の各大学で行われた学生運動体の総称をいいます。学費値上げ、不透明な会計、学生会館の管理権などの問題をめぐって発生した各大学での抗議運動は、全大学、全社会的なものに発展し、東大の入試が中止になるといった影響がでました。全共闘については小熊英二先生の大著『１９６８』に詳しいので、興味のある方はぜひ読んでみてください。

両親の影響を受け、全共闘のようなことがしたいなぁと思いながら大学時代を過ごしました。いまとなっては若気の至りなこともありますし、全共闘の思想的背景についても批判的なところも多いのですが、若者が社会に対して異議申し立てをするために立ち上がったという意味では戦後日本で大きなうねりとなったのが全共闘です。社会に対して若者が異議申し立てをするという構造は、近くは香港の民主化デモなどにも見られますが、社会の健全な発展になくてはならないものだと思っています。

私が大学時代、２０１０年代には、全共闘の萌芽《ほうが》すら芽生えさせることはできない状況にありました。それは、学生が集まって自由に討議をする場所が失われていたということです。学生自治寮は段階的に閉鎖され、管理寮化されていました。京都大学の立て看撤去などに象徴されるように、大学内の整理整頓が進んでいるところでした。大学のなかで学生がどのような地位にあるか、単に授業を受けるだけなのか、大学の構成員として大学の在り方を決めていく地位にあるのか、いわゆる大学の自治については、司法判断も出されるなど大きな論争になっているところです。管理する側としては社会に対する異議申し立てなど起こって欲しくないというのが本音でしょう。京大吉田寮のように安全性が確保できないなどという理由をつけて閉鎖されていくこともままあります。

場所の再建

こうした事態に抗《あらが》うために、まずなにより「無意味に集まれる場所」を再建しなければならない。そういった思いから、シェアハウスの運営を始めたのが大学2年生のころでした。仲間たちとお金を出し合ってビルの一部屋を借り、その後池袋の一軒家へと移転しました。一定の成果をおさめたものの、シェアハウスというのはみんなで民間の家賃という大きな金額を出し合うため、若者が集まる自由な場所として活用するには困難が多くありました。シェアハウスというのはお金を消費する場所であり、稼ぐ場所ではない。外でアルバイトしてその場所の維持費を稼ぎ、帰ってくるころには疲れ果てて寝るだけになってしまう。あるいは、多く維持費を出しているメンバーがそうでないメンバーよりも発言権を持つようになり、これもまた無意味に集まれる場所にならない、そういった問題点がありました。そこで「店という箱をつくり、そこに人が無意味に集まれるようにする」という発想で、リサイクルショップやバーの経営に乗り出しました。ヒントにしたのは「男はつらいよ」のとらや（くるまや）です。

「男はつらいよ」シリーズは、1969年から始まった映画シリーズで、主人公の寅さん（渥美清）は家出人でテキ屋。葛飾柴又の生家・団子屋兼住居の「とらや」に帰ってくるところから始まるドタバタ喜劇です。とらやには家出人の寅さんをはじめ、たくさんの人が無意味に集まってきます。これは、店を守るおいちゃん・おばちゃんが商いをしており、常に店番をしていること、商売をしているために店の維持が集まる人たちの負担ではなくできることによるものと考えました。

無意味に集まれる場所、いわば反乱の最初の拠点は店だという考えに基づいて始めた店は、商売的にも軌道に乗り、とくにバーはフランチャイズ展開をし最盛期は国内外10店舗を数えるまでになりました。その手法について語った拙著『しょぼい起業で生きていく』は電子版と併せて5万部を超え、一つの文化となるまでに成長しました。ここで襲ってきたのがコロナウイルスの流行です。

コロナウイルスの流行は「人が集まれない状況」に拍車をかけることになりました。感染防止のため、ひととひととの接触を減らし、仕事はテレワークに、食べるものはテイクアウトを活用して、とにかく人が集まらないようにと施策がとられていきました。この流れはかなり長い時間続いていくでしょう。大学で発生したクラスターに社会的批判が集まり、授業のオンライン化が進みました。小学校、中学校、高校が感染防止策を打った上で再開されるなか、大学生は同級生の顔も知らないまま年月が経過していく。「#大学生の日常も大事だ」というハッシュタグも一時ツイッターでトレンド入りしました。学外で集まる学生自治寮のような場所がなくなるどころか、大学という場自体がなくなってしまっている異常な事態です。私の運営するバーもダメージを受け、数店舗が廃業に追い込まれました。私の考えていた「若者が無意味に集まれる場所」は、いままでとは違った次元で実現が難しくなりました。

Ｚｏｏｍなどを活用した「オンライン飲み会」などの代替手段も出てきました。たしかにお金もかからずオンライン上で集まれるのは素晴らしい面もありますが、不特定の相手との偶然の出会いが難しく、学生自治寮のようになるには条件が足りないように思われます。書籍の打ち合わせもＺｏｏｍで行われることが多くなりましたが、直接会っての打ち合わせとの違いは、雑談の難易度といえるかもしれません。こういった感覚も古いものになっていくのかもしれませんが、何かを食べながら、最近どうですか、から始まる打ち合わせと、Ｚｏｏｍを通した打ち合わせのための打ち合わせでは広がり方に違いがあります。

思わぬ相手との出会いがあり、思わぬ方向に話が飛んでいく、それが「無意味に集まれる場所」の必要条件で、いまの私の考えではどうしても「リアルな場所」が必要なように感ぜられています。そしてコロナ禍ではそれが原理的に難しくなってきている。もちろんワクチンが開発されて、コロナウイルスの流行以前のような生活に戻ればそれに越したことはありませんが、一度定着した「マスクをつけずに外出するのは感染の危険がある加害行為だ」

「大人数での会食は感染のリスクがあるから避けるべきだ」といった価値観は、コロナウイルス以外のウイルスでも同様のリスクがあることから、全面的には戻らないでしょう。では、我々はどのようにして反乱の拠点を築いていけばよいのでしょうか。

インターネット上の空間

一つには、リアルな場所などいらない、オンラインでも反乱はできるという考えもあります。

ドラゴンクエストやファイナルファンタジーといった最新のオンラインゲームでは、ゲームの攻略を目的とした仲間との交流に重きが置かれ、ゲームの攻略を超えた人間関係を構築することがよくあるようです。Discordを使って音声チャットで繋がり、定期的に連絡をとることは、シェアハウスやバーのように、無意味に集まれる空間になる可能性を秘めています。

2020年の5月に発生した「#検察庁法改正案に抗議します」というハッシュタグのツイッターデモ、いわゆる「ツイデモ」には、きゃりーぱみゅぱみゅさんをはじめとする著名人も多く参加し、結局改正法案の成立が見送られるという成果をあげています。ツイデモは全国どこからでも参加できますし、もちろん感染の危険もありませんから、大きな可能性の一つといえるでしょう。

ＹｏｕＴｕｂｅなど動画共有サイトを通じたインターネット政党も力を増しています。山本太郎氏率いるれいわ新選組や立花孝志氏率いるＮＨＫから国民を守る党はＹｏｕＴｕｂｅ上で主張を展開することで支持を広げ、２０１９年の参議院議員選挙ではそれぞれ議席を獲得しました。日本第一党の桜井誠氏は２０２０年の都知事選で5位の得票を得ました。

動画共有サイトやＳＮＳを通じた政治的主張の欠点は、単純なものになりやすいという点があります。アップロードされる動画は膨大な数がありますし、Ｇｏｏｇｌｅなどのサジェスト機能によって他の動画に移るのが容易になっています。数秒でわかりにくければ「顧客」が離れてしまうわけですから、ＮＨＫが悪い、韓国が悪いといった簡単なことを繰り返し言う投稿者に支持が集まることになります。また、対立や喧嘩騒ぎが好んで再生されるため、投稿者は好戦的になり、しばしば暴力事件や無用な裁判に繋がります。支持者もまた、Ｇｏｏｇｌｅのサジェスト機能の結果、似た動画ばかりを視聴することになり、視野が狭くなり、自分の支持する政治的意見に与《くみ》しない人間に攻撃的になっているケースも多くあります。こういった問題点は拙著『「ＮＨＫから国民を守る党」の研究』に詳しいので興味があればぜひ読んでみてください。

インターネット上での「空間」は、内田樹先生の言葉を借りれば「身体性」が伴っていないといえるかもしれません。現実の政治は複雑で、巨悪を倒せばうまくいくといったことはほとんどないでしょう。複雑な利害関係を調整しながら、落とし所をじっくり探っていくのが政治だとすれば、インターネット上での「反乱」にはそれは欠けているのかもしれません（もちろん、全共闘にあったかと言われると難しいところですが……）。どのような方法で空間を再構築し、ときの権力者や政治に物申し、文化を創っていくための「反乱」ができるのか、それがこれからの課題であるといえます。

まとめ

まとめに入ります。社会的に適度な「反乱」、村上春樹の言葉を借りれば「比喩としての、仮説としての革命」は「健全な社会にとって不可欠」なものです。しかし、全共闘以降「反乱」の最低条件である「無意味に集まれる空間」は、意図的にせよ、意図的でないにせよ、どんどん縮小していきました。「反乱」の余地がない管理された空間ばかりになり、大学にはそのような余白がなくなりました。空間の再構築を求め、いわゆる路上解放運動やシェアハウス運動が行われましたが、どれも大きな成果を結びませんでした。そこで私は、営利を目指しながら空間を再構築していくことを目指しましたが、そこにコロナウイルス感染症が直撃し、大学も余白どころかキャンパスそのものが封鎖されるという、振り出し以下の状況に陥りました。これが現在の状況です。

しかし、ピンチはチャンス。マルクスは「下部構造が上部構造を規定する」すなわち経済が思想や政治を決定するという言葉を残していますが、インターネットの発達は、多くの課題を残しつつも思想や政治に大きな影響を与えています。空間といってもこちらは場所をとらずに全国津々浦々の人々とリアルタイムで交流することができますし、通信費だけ払えば家賃も光熱費も、通話料もかかりません。反乱のためのの空間をつくるためには、これ以上ない条件が揃《そろ》っています。

これから大学に進まれる皆様のよき反乱ライフを祈念して、筆を置かせていただきます。お誘いいただきました内田樹先生、編集の安藤さん、ありがとうございました。

2.
Letters from over 40

40代からのメッセージ

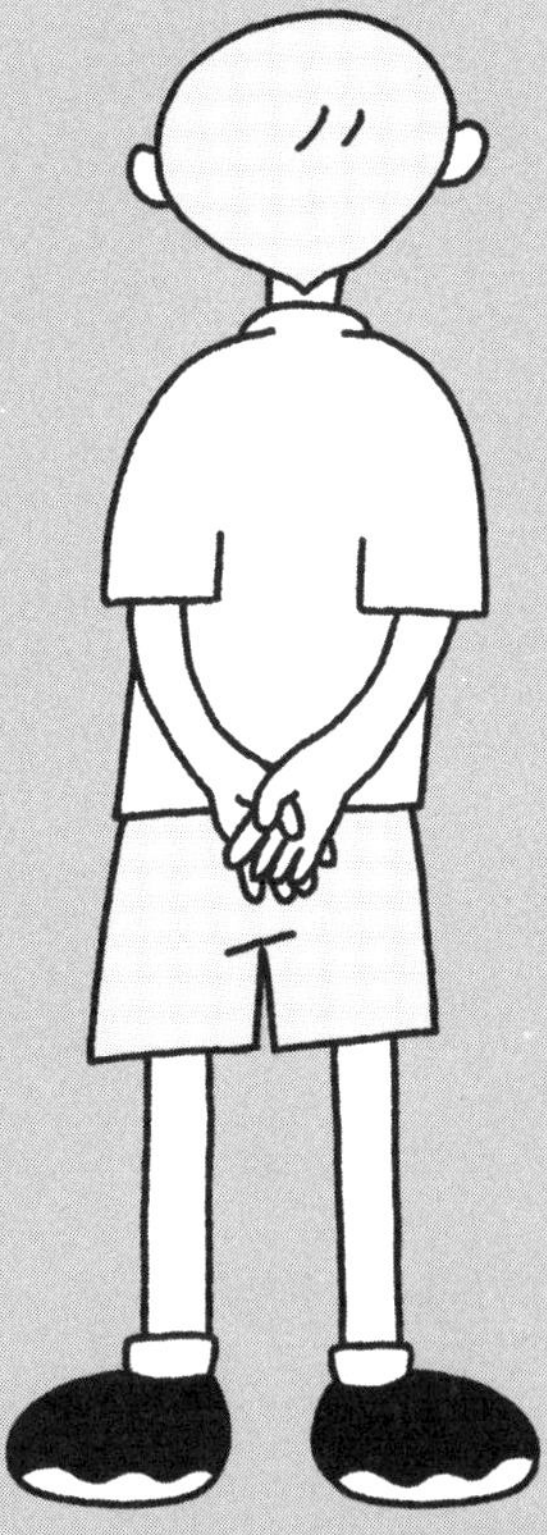

君がノートに書きつけた一編の詩が芸術であること

後藤正文
ミュージシャン

僕の人生はまだ40年ちょっとだけれど、これまでにたくさんの「ポストなんとか」という言説が現れて、僕たちの生活や仕事ぶりや心情を様々な方向に煽《あお》るだけ煽って消えて行くのを見てきた。

「ポストなんとか」の嵐が過ぎ去ったあとの焼け野原みたいな場所に残るのは、いつだって「また、お前かよ」としか声のかけようがない見覚えのある人間らしさで、それは醜かったり汚かったり、長い歴史のなかで人類がどうにも乗り越えられなかった性質でもあって、僕たちも未来の人たちも絶滅するまで同じ失敗を繰り返すのかと途方に暮れる。

一方で、逃れられない人間らしさのなかには、人間にしか見つけられないような美しさや喜びも転がっていて、それをどうにか捕まえようと僕は音楽を作っているような気がする。

上手くいったときには、生きていてよかったと思う。というか、そう思うより先に手足の毛穴が収縮して、雷に打たれるっていうのはこんな感じなのかなという速度で、体中を幸福が駆け抜ける。

自分が作ったものだけではなく、他人が作った様々な作品を鑑賞するときにも、同じ感覚になることがある。いろいろな時代のいろいろな場所で、誰かが自分なりの美しさを書き留めたり、録画したり、あるいは全身で喜びや悲しみを表したりしていることを考えると、人間らしい醜さや汚さを嫌悪しながら、人間でいるのも悪くないなと思う。

そして、様々な作品に触れると、僕らはたったひとりで美しい何かを発見したのではなく、これまでに生きた無数の人間の表現と、それを鑑賞した人たちの体験とつながっていることがわかる。赤ちゃんがいきなり言葉を話さないのと同じように、僕たちも他者の表現に接しながら、それぞれに美しさについての考えを獲得し、それをどうにか自分らしい何かに表して、誰かに手渡すということを繰り返しているのだと。

表現というのは、人間が逃れられない、人間らしい醜さに抗《あらが》うための手段なんだと思う。芸術と呼び直してもいいかもしれない。

話したいことはいくつかあるけれど、まずは、アメリカの作家、カート・ヴォネガットの言葉を引用したいと思う。

芸術では食っていけない。だが、芸術というのは、多少なりとも生きていくのを楽にしてくれる、いかにも人間らしい手段だ。上手であれ下手であれ、芸術活動に関われば魂が成長する。シャワーを浴びながら歌をうたう。ラジオに合わせて踊る。お話を語る。友人に宛てて詩を書く。どんなに下手でもかまわない。ただ、できる限りよいものをと心がけること。信じられないほどの見返りが期待できる。なにしろ、何かを創造することになるのだから。

『国のない男』という本のなかに書かれていたこの一文を読むと、僕の魂の奥で萎《しお》れかかっていた何かが、みるみると息を吹き返すように感じる。

これはあくまで例え話で、魂なんてものが本当に存在するのかもわからないし、その奥で萎れかかっている何かなんて見たこともない。けれども、こうやって言葉にしてみると、自分の体の真ん中あたりに、もう少し具体的に書くと左右の肺の中央、つまり胸の真ん中に、なんだか魂と呼べるものがあるような気がするし、その奥に萎れた植物のようなものを思い描いて、そいつが息を吹き返す瞬間を想像することができる。

不思議なことだと思う。

カート・ヴォネガットの言う「見返り」という言葉だけがどうにも上手に飲み込めなかったけれど、もしかしたらこうして、ありもしない何かを想像して、それによって自分が元気になったり、すぐには元気にならなくても元気になるためのイメージを得たりすることが、彼の言う「見返り」のひとつなのかもしれない。

友達への手紙や（きっとスマホへのメッセージだっていいはず）、ひとりのときにこっそり歌った鼻歌が芸術ならば、生きていることのなかにたくさんの芸術があるということだ。そう考えると、自分の人生も捨てたものではないような気がしてくる。

芸術というと、美術館や博物館に飾られている絵画や美術品だったり、あるいは世界中の人が知っているような映画や小説、演奏者が何十人もいるようなオーケストラが演奏する音楽を想像する人が多いだろう。

僕もそのひとりだった。大学受験に失敗して、やる気も何もかもが失せたあと、自棄《やけ》っぱちと自堕落のなかで偶然拾い上げたロックンロールがまさか芸術だなんて、最近まで考えたこともなかった。

僕は美術の大学や音楽の専門学校で楽理を学んだことがない。夜中に海外のロックバンドのビデオを何度も見て、彼らのギターの弾き方や曲の作り方の物真似をしながら、楽器の演奏を覚えた。軽音楽のサークルで仲間を見つけて、音楽家というよりはロックバンドのメンバーになった。ギターを掻《か》きむしって、言語化できないような感情をどうにか歌に詰め込んで、それをマイクに向かって大声で喚《わめ》き散らした。それは人生を豊かにする輝かしい何かではなくて、腐り切った果実のなかに、ほんの数カ所だけ食べられそうなところがある、みたいなものだった。

やっていることはあの頃と変わらないのに、今では胸を張って自分の作っている音楽を芸術だと思っている。

きっかけはとてもシンプルだった。

海外のミュージシャンたちと仕事をするうちに考え方が変わった。彼らは皆、一様に自分のやっていることをアート（芸術）と呼んでいた。自らをアーティスト（芸術家）と名乗っていた（ときには厚かましいくらいに）。そして僕の作るものも、考えることも、同じようにアートと呼んで尊重してくれた。

僕はなんだか、自分の音楽を、どこか音楽じゃないようなものとして考えていたのかもしれないと感じた。それを表すように、世の中には、音楽に対して軽音楽という言葉があった。音楽よりもいくらか軽いもの。「ふざけんじゃねえよ」という気持ちもあったけれど、そういう気持ちがあるからこそ、彼らの言う音楽ではなく、軽音楽のなかにいたほうが居心地がよかったのだと思う。誰かが思う崇高な「音楽」や「芸術」じゃなくてもいい。そういう反骨心によって、僕はミュージシャンでもアーティストでもなく、権威につながらない野良犬みたいなバンドマンでいたかったのかもしれない。

そういう気持ちは今でも血や骨になっているけれど、一緒に仕事をした海外のミュージシャンたちみたいに胸を張りたいなと思った。自分や自分の作品を卑下するような考え方では、呪いにでもかかったように、自分たちの活動を狭くて窮屈な場所に押し込めてしまうような気がした。

誰かに「それは芸術じゃない」だなんて言われる筋合いはないと心の底から思う。けれども、芸術とそれ以外を区別する言葉や考え方が、芸術を特別な人たちのものにしようとする。そんな言葉を真に受けているうちに、生活のなかから少しずつ芸術がなくなってしまったんだと僕は感じる。芸術という言葉が指すのは、特別な人たちの特別な技術だけだと多くの人が考えるようになって、カート・ヴォネガットの言うような日々の些細《ささい》なことに芸術性を感じなくなってしまったんだと思う。

コンサートツアーで何度かヨーロッパやアメリカへ行ったとき、ライブハウスやスタジオに素敵なポスターがいくつも額装されているのを見つけた。ツアーやイベントのためだけに描かれたイラストやタイポグラフィをリトグラフにした立派なポスターで、バンドの集合写真をペラペラの紙に印刷したようなものではなかった。チケットを売るための広告というよりは、ギャラリーに展示されてもおかしくないような作品に見えた。音楽やアーティストに対する愛情や心意気を感じて羨《うらや》ましかった。

ナッシュビルというアメリカの町に行ったときにも驚いた。空港に降り立ったそばから「ここは音楽の町だ」とアピールする展示がいくつもあって、リーズナブルなホテルの廊下や部屋やトイレの壁にも、ギターの弦や楽器を接写したような格好いい写真が飾ってあった。笑ってしまうくらいに誇らしげで、実際に僕はバスルームで笑ってしまった。

作品の名前は忘れてしまったけれど、海外の映画のワンシーンにショックを受けたこともある。10代の男の子がガールフレンドに紙に書いた詩を渡し、それを読み上げた女の子が「クールね」と返すだけのシーンだったけれど、あまりに自然で驚いた。詩的な表現を褒め合うなんて、僕は青春時代にしたことがない。でも、その映画のなかでは、よくある風景のひとつという扱いだった。1000年くらい遡《さかのぼ》れば、日本でも短歌を詠《よ》むのが上手な人がもてはやされた時代があったけれど、現代の僕たちはどうだろうか。

僕はみんなに、生活のなかに芸術を取り戻すための仲間になってほしい。

まったく難しいことじゃない。

まずは自分で決めること。信じること。断固として、僕や君がノートに書きつけた一編の詩や、心を込めて書いた手紙や、鼻歌が、芸術であるということを。

それは君の魂を解放して、自由にする。

大きな音楽フェスティバルの片隅で、短パン一丁の男がクネクネと奇妙なダンスをしていた。最初は誰も近寄らない。からかい半分で数人が傍《そば》で踊りだす。それをみんながニヤニヤと眺める。でも、楽しそうな空気が少しずつ広がる。ひとり、またひとりと踊る人が現れて、小さなサークルができあがる。歓声を上げながら、遠くから女性が走り寄って輪に加わった。その声につられて、多くの人が吸い寄せられる。少しだけあがった温度が、一気に伝播《でんぱ》して、そこらじゅうの人たちが熱狂的に踊りはじめる。数百人の自由なダンス。誰も想像しなかった風景が、そこに生まれていた。ひとりの奇妙な男の、自分なりの喜びや楽しさを表しただけのダンスが、多くの人の魂を解放して、それぞれの感情が美しい連帯をみせた瞬間だった。

こうした奇跡も、君の思う美しさや醜さを、君自身が信じることからはじまる。

ある辺鄙《へんぴ》な田舎町に住む女の子は、メロディのある音楽が苦手だった。気のおけない友人とでさえ、音楽の話が合わなかった。様々な金属を叩いたような音や、途切れることのない機械の持続音が好きだった。そんな音だけを使った音楽は隣町の大きなショッピングモールでも見当たらなかったので、自作した。親にも友人にも聞かせることなく、自分のためだけに作って、iPhoneに録り溜めた。ある日、彼女は自作の楽曲をインターネットにアップする。思いつく限りのタグをつけて。田舎町では、彼女の音楽は孤立無援だったが、インターネットのなかには少なからず仲間がいた。同じ音楽を好む人たちが、アメリカに、ドイツに、インドネシアに、コロンビアに、あるいはサウジアラビアと南アフリカに。

孤独のなかで育んだ感覚だけが、世界を開いてくれることもある。

どれだけ君が変わっていようとも、それを受け止めるだけの多様性が、世界の側にある。狭い田舎町、あるいはクラスや部活やサークルのようなコミュニティ、そこでの孤立など孤立ではないと言うと乱暴かもしれないが、僕や君が「変わった感覚だ」と自認するような価値観や性質も、世界まで範囲を広げれば平凡そのものかもしれない。仲間が必ず見つかるし、もっと変わった人が山ほどいる。

だから君がたった今、誰とも話が合わないことに悩んでいるとしても、君が美しいと思うことを、素晴らしいと思うことを、格好いいと思うことを、何らかの集団に属するために、作り笑いでやり過ごすために、無理に変えないでほしい。誰かに否定されても、簡単に取り下げないでほしい。

君のその孤立するほどのユニークさが、君にしかわからない美しさが、遠く知らない国で（あるいは隣の席で）同じようなことを感じている誰かの、救いになることだってある。想像もしなかった会話やつながりが生まれるかもしれない。僕はそれだって、カート・ヴォネガットの言う芸術には含まれているんじゃないかと思う。

自分の作ったものを馬鹿にされて悲しい気持ちになったときは、僕がここに書いた文章を思い出してほしい。

最後に、僕はなんだか詩が書きたくなった。

一糸乱れず 手を振る人々
歓喜の輪に似たマスゲームの熱狂を破って
たったひとり沈黙する
衣類を脱ぎ捨て
流行の皮膚を剝《は》ぎ
滴り落ちる美しさは静かなひかり

骨身の奥から宇宙は広がり
ただ一つの点として孤立したまま
乾いた咆哮《ほうこう》がもんどり打って水面を揺らす
波紋はゆるやかに広がって
そこはいつしか海になった

読んでくれてありがとう。

技術と社会

——考えるきっかけとしての新型コロナ危機

白井聡
政治学・思想史

はじめに

新型コロナウイルスの世界的流行が始まってから、早いものでもう半年以上の月日が流れました。PCR検査、抗体、集団免疫、サイトカインストーム等々、普段はあまり気に留めない言葉が毎日依然として飛び交っています。収束の目途がどう立つのか、わからない状態は続いています。

私のような、社会を観察することを仕事にしており、かつ感染症については素人である人間から見ると、あらためて驚かされるのは、人類の感染症についての知識はとても限られたものだ、という事実によってです。先進諸国において、感染症の脅威という問題は、だいぶ前から差し迫ったものとは感じられなくなっていました。専門家の方々は国家による感染症対策の貧弱化に対して警鐘を鳴らしていましたが、「伝染病？　それはもう過去の話でしょう」という世間の雰囲気を前にしては、残念ながら社会的関心を高めることはできなかったのです。かく言う私とて、世界大の感染症流行がこれほどの大事になるだろうという危機感など、持っていませんでした。私たちはいま、自分自身の無知に、あらためて直面させられています。

「ポスト・ヒューマン」の時代

ところで、ここ10年程の間、学問の世界では「ポスト・ヒューマン」という概念・言葉がキーワードになってきていました。これは、近代＝人間中心主義（ヒューマニズム）の時代が終わったという時代認識を示しています。

前近代が神中心の時代だったのに対して、近代は人間中心の時代である。人間を世界の中心に据えたからこそ、「神をも畏《おそ》れぬ」仕方で自然に手を入れられるようになり、自然の法則を解明してそこに介入する技術が飛躍的に発展してきました。その結果、私たちの日常生活の有り様は、次々に激変してきたわけですが、多くの場合、これらの変化は「便利で安全で快適になった」ととらえられています。

こうして技術発展の万能性が信奉されるようになると、今度は世界の中心を占めるのは人間ではなく科学技術である、ということになってきます。こうした考え方の典型が、ＡＩ（人工知能）は人間を超えるといったような議論です。一部の論者によると、人間がやってきたさまざまな知的活動は、ＡＩによってことごとくとって代わられるのだそうです。もう人間は「世界の中心」ではない――これが「ポスト・ヒューマン」という言葉の核心にある考え方です。

しかし、「ポスト・ヒューマン」は同時に、極端なまでの人間中心主義（ヒューマニズム）でもあるのです。なぜなら、科学技術をつくり出すのはもちろん人間なのですから、科学技術が万能だとすれば、それは人間の万能性を意味するからです。

ただし、「ポスト・ヒューマン」を脱人間中心主義と見るにせよ、究極の人間中心主義と見るにせよ、ひとつのことは確実に言えると思います。それは、「ポスト・ヒューマン」とは、「他者としての自然」が消滅した状況を指している、ということです。ここで言う「他者」とは、「自分の思う通りにはどうしてもならない相手」というような意味だととりあえず了解してください。近代の人間中心主義は、自然の他者性をどんどん縮減してきました。たとえ自然の成り立ちにわからないところがあっても、それは「まだ」わからないにすぎない（＝いつか必ずわかる）ものとしてとらえられるわけで、近代自然科学は自然の他者性を原理的には消去しているわけです。

こうして、近代の始まりと同時に自然の他者性は原理的に縮減し始めたわけですが、現代世界で起こった重要な変化は、人間の外界としての自然だけでなく、私たちの内なる自然、つまり「自然としての人間」に対する態度が変わってきた、ということです。それは、自然物としての人間に対して手を入れる技術が飛躍的に発展してきたことと関係しています。臓器移植、遺伝子治療、遺伝子操作、脳科学による脳の操作等々、「生命の神秘」にかかわる領域の操作可能性が大幅に高まってきたのです。

これらの新しい技術発展による人間の身体に対する操作可能性は、近代社会が約束事として合意してきた「人間とは何か」という定義とぶつかり、その定義によって支えられてきた社会的ルールを揺るがせ、倫理的な葛藤を生じさせることになります。

例えば、「人間には理性がある（ゆえに、善悪の判断ができ、したがって罪を犯したときには責任を問われる）」という定義は、脳科学の使い方次第で変更可能になります。あるいは、人間の生殖・出生は操作できないからこそ、一人一人の人間の人としての価値には区別をつけられず、したがってあらゆる人間に対して等しく人権が認められるべきだという考えが通用してきたと思われますが、遺伝子操作によって生殖・出生に介入できるとなると、この考えが揺らいでくることにもなるはずです。どんな子供が生まれてくるかは偶然に委ねるほかないという意味で、生殖・出生はまさに強固な他者性を有していたはずなのですが、それが消滅しつつあるのです。いずれのケースも、ある人々を「非人間」と認定して社会から排除する（あるいは生まれさせない）ような状況が生じてくる可能性を示唆しています。

総じて言えば、ＡＩをめぐる狂騒、遺伝子テクノロジーをめぐる狂騒といった、喧伝《けんでん》されてきた「外なる自然の征服」と「内なる自然の征服」のプロジェクトは、新技術によって「より便利で安全で快適な暮らし」が可能になることを夢見させつつ、私たちの懐《いだ》いてきた人間の定義をグラグラと揺るがせるがゆえに、漠然とした不安の感情を行き渡らせてきたように思われます。

「ポスト・ヒューマン」段階という妄想

私の考えでは、新型コロナによる危機が吹き飛ばしたのは、こうした「人間の開発した技術は世界の謎を解明し尽くして、思うがままに自然を改変することができる」といった観念ではなかったでしょうか。繰り返しますが、感染症に対する人類の知識が限られていることには、驚きを禁じ得ません。新型コロナ危機に促されて、私も専門家が書いた本を読むなど感染症に関するにわか勉強を少々してみましたが、そこですぐにわかったことは、「感染症というものはよくわからないものだ」ということでした。

人類が意図的な努力によって撲滅できた感染症は天然痘ただ一つにすぎず、ペスト、エイズ、結核、エボラ等々の多様な感染症の問題は、画期的な薬やワクチンの開発によってその被害を食い止めることができるようになったものも多いとはいえ、根本的には何ら解決されていないのです。気が遠くなるほどの長い歳月にわたって、多くの優れた知性が時に自らの命を危険にさらしながら感染症の脅威と戦い、その正体を見極めようと努力を重ねてきたにもかかわらずいまだにわからないことだらけで、ある感染症の流行が収束した理由もよくわからないものがほとんどなのです。例えば、約100年前に起こったインフルエンザのパンデミック、いわゆるスペイン風邪（1918〜1920年）は、全世界で1700万人から5000万人もの命を奪ったと見られますが、これが収まったのも集団免疫の獲得によってであろうということまではわかっていますが、なぜそのタイミングで、どのようにして収束したのか、またウイルスの起源も、いまだわかっていません。

そして、今回の新型コロナウイルスの登場です。いま世界中の専門家がこのウイルスの研究に取り組んでいますが、一筋縄ではいきません。なにせウイルスは次々と変異し、強毒化することもあれば、弱毒化することもあります。ですから、対処として何が正解であるのかも一概には言えません。ロックダウンのために、欧米ではGDPが30%以上も下落しました。日本のGDPも30%近い下落をマークしました。それほどまでに私たちは活動を縮小させて新型コロナウイルスに打ち克とうとしてきたわけですが、このやり方が正しかったのかどうかもよくわかりません。仮に新型コロナの致死率がそれほど上がらないならば、経済縮小のために自殺に追い込まれる人の方が多くなってしまうかもしれません。もしもそうならば、活動の縮小などしない方が正解だったということになります（現にスウェーデンはそのような判断を下して実行しています）。ですが、私たちは、あまりにもわからないことが多すぎて、「仮に」とか「もしも」とかいったかたちでしか考えられないのです。また、致死率を予測することもできなければ、ロックダウンがもたらす経済的苦境による自殺者の数も予測困難です。いわんや、それらを比較することなどできるはずがありません。後遺症の重症度や発生率もまだわかっていません。安全なワクチンができるかどうかも、まだわかりません。本当にわからないこと尽くしです。

こうした現実は、「私たちは自然を征服した」という「ポスト・ヒューマン」の観念を吹き飛ばすに十分なものではないでしょうか。AIが人間の思考を無用のものとする日を想像するよりも、ウイルスの変異メカニズムや、新型コロナウイルスをきわめて危険な感染症としている理由であるところの人間の免疫系の過剰反応（サイトカインストーム）の発生メカニズムを解明することの方が、はるかに重大な課題であることは言うまでもないでしょう。

もっと言えば、新型コロナによる危機が訪れる前、私たちはなぜ、「科学技術による自然の征服」という妄想にとり憑《つ》かれていたのか、立ち止まって考えてみるべきではないでしょうか。私たちはいま、常識に引き戻されたのです。

技術の発展は社会の在り方をどんどん変えてゆく、すなわち社会の在り方はその社会の持つ技術によって決定される、という考え方は「技術決定論」と呼ばれます。新聞記事などでよく見かける「ＡＩの進化によって社会は激変する！」といった考えは、典型的な技術決定論です。技術決定論は、技術を独立変数として設定し、社会の在り方をその関数としてとらえます。そして、技術は進化し続けるものと想定されます。ですから、「ポスト・ヒューマン」の観念も技術決定論の一種、そのかなり極端なヴァージョンであると言えるでしょう。技術は進化し続けて、人間に成り代わって世界の中心になると言うのですから。

しかし、この考え方は真実ではありません。なぜなら、社会はその時々に利用可能な技術をすべて利用するわけではないからです。例えば、日本の江戸時代には、正確に時を刻むことのできる時計がすでにありました。しかしそれは広く使われることはなく、好事家《こうずか》の珍しい玩具として流通しただけでした。なぜなら、江戸時代の人々は、正確な時間を知る必要のある生活を送っていなかったからです。工業社会化しない限り、分単位の正確な時間を知ることなど全く必要ではないのです。

つまり、利用可能な技術のうち、どの技術が用いられ、どの技術が用いられないかを決めているのは、その社会の在り方なのです。このことは、技術の発展にも当てはまります。どんな技術が盛んに発展し、どんな技術が発展しないのかを決めているのは、技術そのものではなくて、その技術を利用する社会の在り方なのです。技術決定論の主張とは逆に、社会の在り方が独立変数であり、技術はその関数なのです。

もちろん、技術が社会の在り方に影響することは多々ありますが、それはその社会の中にすでに存在していたもの、すでに存在している傾向に刺激を与え増幅させる、ということにすぎません。身近な例を挙げるなら、ＳＮＳは衆愚制を生み出すのではなくて、衆愚制を活気づけ拡大するのです。

技術と社会のこうした関係が転倒して、技術が社会の在り方を決定しているように見えるのは、まさに社会が現実をそのように見せるような在り方をしているからです。そしてそれは、資本主義社会に特有の現象であると考えられます。というのは、資本主義社会では生産力を絶えず向上させることが至上命令になっているからです。「もう十分」とか「ほどほどにしておこう」といった常識に基づく判断は、資本主義社会では通用しません。生産力・生産性を際限なく上げ続けなければならないメカニズムが、ビルトインされているからです。

ですから、より高度な生産性の実現を求めて、技術革新もここでは際限のないものとなり、それがもたらす社会の変化も間断なきものとなります。しかし、こうして技術革新が社会の在り方を変え続けているように見えるけれども、本当のところは、そうした絶えざる革新を求めているのはその社会の在り方の根本（すなわち、資本主義社会であるという社会の在り方）なのですから、その根本が際限なく強化され続けているだけのことなのです。あらゆるものが変化しているように見えて実は何も変わってはいません。

このように考えてみると、「ポスト・ヒューマン」なる観念が、資本主義の過剰なまでの高度化の産物だということは明らかであるように思われます。端的に言って、それは人間とその社会を技術に隷属させる非常識な考え方であり、その非常識を現代人の逃れられない宿命として押しつけてくるのです。

コロナ危機の教訓

してみると、新型コロナウイルスの大流行によって、私たちは大いなる気づきの機会を与えられたと言うべきではないでしょうか。感染症のメカニズムについて、また私たち自身の免疫系のメカニズムについて、人類がまだ知らないことは山ほどあるのです。そしておそらくは、私たちがそれについてまだ知らないということさえ知らないことも、数知れずあるに違いないのです。「自然の他者性」は、強烈なインパクトを伴いながら、私たちの許に返ってきました。私たちの社会が、人類の福祉と幸福のために、どのような知識や技術を発展させるべきなのかということが、あらためて問われているのです。

思えば、技術が社会を従わせるのではなく、社会が技術をコントロールすべきだという教訓を、私たちは3・11東日本大震災による福島第一原発事故で叩き込まれたはずではなかったでしょうか。

ドイツは、かの事故を受けて原発を継続するかどうかを議論するために「脱原発倫理委員会」を組織しました。倫理委員会のメンバーは、科学技術界や宗教界の最高指導者、社会学者、政治学者、経済学者、実業界などから選ばれ、原子力の専門家は排除されました。なぜなら、原子力業界の人間はどうしても利害関係者であるからです。この委員会は、原発はもうやめるべきだと結論し、アンゲラ・メルケル独首相はこの提言に従うかたちで脱原発の方針を決定しました。ここには、技術の利用の在り方は社会の意思によって決定されなければならない、という確たる思想があります。

翻って事故当事国である日本はどうでしょうか。あらゆる角度から原子力技術の得失を検討し、広範な国民の関心と議論を呼び起こそうなどといった国家的試みなど皆無です。原発という途方もなく危険であるものの、同時に途方もなく便利である技術の利用を押し通すために、社会を腐敗させる行為（原発マネーによる立地地域の買収、反対者への脅迫、御用学者の育成、マスコミの買収等々）が数限りなく行なわれてきました。こうして、技術に隷属し、技術によって歪められた廃墟のような無惨な社会が出来上がりました。そして、あの事故を経て、ドイツから手本を見せられてさえも、技術と社会の関係の在り方に対して反省することもできていないままなのです。

このような具合ですから、相も変わらず、「ＡＩが！」「キャッシュレスが！」「スマートシティーが！」、と新技術をめぐる大騒ぎが続いています。それらを受け入れねばならないとされているのは、技術発展は決して止められない宿命だと思われているからです。そして、宿命である以上、私たちが本当にそれらを求めているのかどうかは決して問われません。それは言い換えれば、私たちは自分たちがどんな幸福を求めているのかを知ろうとしていない、ということです。そして、何が自分の幸福であるかを考えない人間とは、虚しい人間です。

コロナ禍のいま、テクノロジーをめぐる熱狂、狂騒、そして不安から少しばかり身を引き離して考えてみようではありませんか。幸いなことに、「ステイホーム」のために、そのための時間は十分にあるのです。

「タテ、ヨコ、算数」の世界の見方

岩田健太郎
医師

分子と分母

出口治明《はるあき》さん（立命館アジア太平洋大学学長）という方が、「タテ、ヨコ、算数」が大事、とおっしゃっています。とてもいい言葉だと思うので、よく真似をして使っています。

みなさんは算数（あるいは数学）なんて無意味、学校で勉強したって実社会では役に立たないじゃないの、と思っていませんか？

ぼくは思っていました、子供の時。連立方程式だのサイン、コサインだの、微分積分だの、あんな面倒くさいこと勉強したって、大人になったら算数・数学なんてどうせやらなくなる。計算だって、自分でやらなくたってスマホがあれば問題なしー。

ところがどっこい。算数・数学、とっても役に立つんです。めっちゃ大事なんです。例えば、死亡率。専門用語では致死率という呼び名も使うのですが、まあ、そのへんの細かいことは気にしない、気にしない。

2009年に、メキシコで奇妙なインフルエンザが流行しました。インフルエンザっていろんな動物に感染するんです。人間だけじゃなくて。鳥とか、豚とか、馬とか、クジラとか⁉ で、全部で100種類以上あるインフルエンザウイルスのうち、人に感染するのはそのうちごく少数なんです。ところが、豚に感染するインフルエンザと、鳥に感染するインフルエンザと、人に感染するインフルエンザが混じってしまって、これまでなかった新しいウイルスができてしまいました。これを後に、我々は「新型インフルエンザ」と呼ぶようになります。これができたのが、メキシコというわけ。

メキシコでこのウイルスが人に感染し、流行したとき、多くの人は恐怖しました。死亡率が高かったからです。

当初、このインフルエンザの死亡率は6%と言われていました。

%はパーセントと読みます。percent と英語では書きますが、これは per cent のことで、英語のもとになったラテン語では per centum と言っていました。centum とは100の意味です。ほら、1センチメートルのセンチも同じ語源ですよ。1メートルの100分の1だから、1センチメートルなんですね。つまり、100分のいくらってことです。

6%というのは、100人のうち6人ってことです。それだけ死んじゃう。100を6で割ってみましょう。なーに、筆算じゃなくて、スマホで計算しても大丈夫。16・666…になりましたね。つまり、17人に1人は死んじゃうってことが、「死亡率6%」ってことです。クラスで2人とか3人くらいが死んじゃう確率ってことですね。これはやばいじゃん。

というわけで、このメキシコの新型インフルエンザウイルスが日本に入ってきたらどうしよう。当時の厚生労働省は恐怖しました。慌ててあれやこれやの対策を立てようとしたのです。日本にこのウイルスが入ってこないように空港や港でしっかりとブロックしようとしました。これを俗に「水際《みずぎわ》作戦」といいます。日本は国境が海岸線ですから「水際」でブロックしようということです。

で、この新型インフルはあっという間にアメリカ合衆国、カナダと北米大陸で感染を広げ、世界中で流行し、そしてついには日本に入ってきました。水際作戦、うまくいかなかったんですね。

でも、「新型インフル」はそんなに怖いウイルスじゃないことがぼくたちプロの間では分かっていました。もっとも死亡率は低い。そんなに心配しなくて大丈夫。そう考えていたのです。

日本で初めて海外渡航歴のない新型インフル患者が発生したのはぼくが住んでいる神戸市でした。高校生が複数、この新型インフルに感染していたのです。慌てて厚労省はこの感染した高校生たちを指定医療機関に閉じ込めてしまおうとしました。感染拡大を防ぐためです。感染拡大を防ぐために病院などの個室に感染者を閉じ込めてしまうことを「隔離」といいます。新型インフルに感染した高校生たちは、みんな病院に隔離されたのです。

しかし、この隔離は的はずれな隔離でした。なぜかというと、感染した高校生たちはすでに元気になっていたからです。

当時、厚労省は新型インフルエンザの遺伝子検査、ＰＣＲを「メキシコ、カナダ、アメリカ合衆国からの帰国者での発熱」患者に限定していました。水際作戦してるから、渡航者以外は感染しないよね、という前提で動いていたのです。まあ、これは一種の机上の空論、作戦はうまくいくはずだ、という間違った確信がさせるものです。

でも、作戦が必ずうまくいくとは限らない。すでに日本には新型インフルが入り込んでいました。そのため、渡航歴のない神戸市の高校生が感染したのです。

渡航歴がない発熱者でも「新型インフルかも」と思ったのは市井《しせい》のお医者さんでした。鋭いですね。そこで、交渉して「検査をしてほしい」となったわけですが、国の基準を満たしていませんから検査は後回しになりました。そのため検査結果が出るのに時間がかかってしまう。で、インフルエンザってまあ数日でよくなる病気なので、検査結果が出た頃には患者さんたちはもうよくなっていましたよ、ちゃんちゃん、ってことだったのです。

ウイルスではなく患者を見る。医療の基本です。この基本を間違えなければ、よくなっている高校生たちを病院に閉じ込める必要なんてなかったのですね。一度計画を立ててしまうと判断を変えることができない、昔からの日本の失敗のパターンがここに見受けられます。

ま、それはともかく。メキシコで死亡率6%? やばいじゃん、と思われていたウイルスが、日本にやってきたら実はそんなに死亡率が高くない。ほとんどの人は自然に元気になってしまいます。

こういう現象を観察すると、しばしば人は「ウイルスの遺伝子が突然変異をして弱毒化したんじゃない?」と考えがちです。

でも、そういう事実はありません。ウイルスが変わったんじゃない。人間の観察の仕方が変わったのです。

メキシコで「謎の肺炎」が流行し、それが世界で初めての新しいインフルエンザウイルスによるものだ、と分かる。死亡率が高い。こういう話を聞くとき、ぼくらプロは必ず「分母はなんなのかな」って考えます。分数の横棒の、下にあるのが分母、上にあるのが分子ですよね。

人は分子ではそうそう間違えません。ここでの分子は「新型インフルで死亡した人」です。でも、分母の設定はしばしばしくじります。

メキシコで「謎の肺炎」が流行して戦慄《せんりつ》したとき、当然分母は「謎の肺炎」患者だったのでしょう。おそらくは入院を必要とするような重症患者です。で、症状の軽い元気な患者さんは「新型インフル」を疑われず、PCR検査だってされなかったのでしょう。だって、メキシコでの問題は「謎の肺炎」だったのですから。

というわけで、「真の分母」……新型インフル感染者の多くはメキシコでは見逃されていた可能性が高い。積極的にアメリカやカナダで調べるようになり、新型インフルは死亡率をどんどん下げていきます。ウイルスが変わったんじゃない。我々の数の数え方が変わり、分母がどんどん大きくなり、そして結果として死亡「率」が低くなっていったんです。

と、このように「分数」というものはどういうものなのかな、とちょっと考えてみるだけで世界の見え方が随分変わってきます。「算数」といってもたくさんの問題集を解いてくれ、なんて面倒くさいことを提案しているわけではないのです。

さて、同じことが今回の新型コロナウイルス感染症でも起きています。日本で「第一波」が起きたときは、日本にはPCR検査をするキャパがなかったために、たくさんの方が検査を受けられませんでした。よって、実際の感染者よりもずっと少ない方だけが「感染者」とカウントされました。ところが、その後発生した「第二波」においては、PCRのキャパシティーが高まったので、前回よりもたくさんの検査をして、たくさんの感染者が見つかりました。そうすると、「分母」がでかくなりますから、「死亡率」が下がってきます。「コロナウイルス、弱毒化したんじゃない？」と例によって「同じ話」が繰り返されるのですが、これも分数のことが分かっていれば、全然、びっくりすることではないんです。

「タテ」と「ヨコ」の勉強

さて、「タテ、ヨコ、算数」でした。タテというのは時間、あるいは歴史のことです。歴史の勉強も大事なんです。勉強が大事、なんて面倒くさいことばかり言って申し訳ないけど、実際そうなんだからしようがない。

長い長い感染症の歴史の中で、たくさんの感染症が流行してきました。ウイルス感染症はその一つ。例えば、エイズという免疫機能が弱る病気や、肝炎という肝臓が腫《は》れ上がる病気や、日本脳炎という蚊に刺されて脳にダメージが来る病気。たくさんのウイルス感染症があります。

ウイルスには遺伝子が入っていまして、この遺伝子はしばしばチェンジします。突然変異というやつです。ところが、遺伝子の変化が起きたとしても、ウイルスのキャラが変わることってめったにないんです。まあ、数十年に1回くらい、インフルエンザウイルスの「キャラ」が激変して大流行することはありますが、逆に言えば数多いウイルス感染症が長い感染症の歴史の中で「キャラ変」することはめったにありません。これが、感染症の歴史、「タテ」ということになります。

こういう歴史の知識、「タテ」の知識を持っていれば、メキシコで死亡率が高いと言われた新型インフルが日本で死亡率が低い場合も、新型コロナで第一波や第二波がやってきても、そうそう焦る必要はありません。ウイルスが強毒化するんじゃないか、という陰謀論におののくことも、ウイルスは弱毒化してるんじゃないか、という楽観論に与《くみ》する必要もありません。「ああ、またいつもの話で、数の数え方だけ間違ってる可能性が高いよなあ」と推察できるわけです。

「タテ」、歴史の勉強というのは、重要な出来事や年号を暗記するということではなくて、歴史を通じて「一般化」できそうな共通法則みたいなものを掘り起こしてみる学びのことです。これをやっている場合と、やっていない場合では、新しい危機に対する対応力が段違いになります。未来を見通し、切り開くときに、過去の勉強って案外役に立つんです。

「タテ」の勉強が時間の勉強、歴史の勉強であるのに対して、「ヨコ」の勉強は、空間の勉強です。例えば、海外ではどうなっているか、といった「他者との比較」です。

「日本では新型コロナ対策がうまくいっている。日本人は感染しにくい。重症化もしにくい。ジャパンミラクルだ」なんて主張をする大人たちがいます。

本当かな、と「ヨコ」をキョロキョロ見てみます。そうすると、ニュージーランドや台湾ではほとんど患者が発生していないことが分かります。ベトナムやアイスランドでは死亡例がほとんど出ていないことも分かります。一旦流行が広がった中国や韓国がしっかり感染数を抑え込んでいることも分かります。たしかに日本では、ほとんど無策、無防備のアメリカ合衆国やブラジルよりはましなのですが、最強でもミラクルでもなくて、第二波の感染数はかなり多いことが分かるのです。周囲を観察する、キョロキョロするのって大事です。

「第二波で感染者が増えても、若い人たちの流行が中心で、重症例や死亡例は出ていない。あれは検査をたくさんやってるだけ。心配ご無用」こんなことを主張する大人たちもいます。

でも、これも間違い。「ヨコ」のアメリカ合衆国を見ると、たしかに感染者が増えても死亡者は増えていないように見えます。事実、トランプ大統領は「死亡者は増えていないんだ」と自らの政策を正当化する主張をしていました。が、新型コロナウイルス感染はとても長い病気でして、発症してから死に至るまでがとても長いのが特徴なのです。これは現場、病院で実際に患者さんを見ていないとなかなか分からない。それに、「若い人」の流行を放っておくと、いつしかそれは「高齢者」など重症リスクの高い方の流行へとシフトしていきます。アメリカ合衆国では感染数の増加から1ヵ月程度遅れて重症者や死亡者が激増しました。そういう「ヨコ」の事情を理解しておけば、日本でも早晩、同様のことが起きるだろうな、という見通しが立ちます。そして事実、「第二波」の初期に「若い人だけ」「重症化はしてない」と主張していた大人たちは、数週間後に発生した高齢者の事例、重症例、そして死亡例の増加に口をつぐむようになりました。「タテ、ヨコ、算数」ができていない大人たち。

「タテ」の勉強が歴史の勉強ならば、「ヨコ」の勉強は地理の勉強かもしれません。他の国ではどうなってるんだろう、という興味関心、好奇心はとても大事です。そういう比較をすることで、自分たちが住んでいる日本もよりよく理解できます。比較しないで日本だけ見ていても、日本のことなんてさっぱり分からないんです。そういう「日本しか見てない」大人もとっても多いのです。残念なことに。

ポストコロナの時代はどんな時代でしょう。いろんなシナリオを想定できます。バラ色のシナリオ、ろくでもないシナリオ。

どんなシナリオがやってきても、みなさん一人一人が時代を切り開き、世界を変えられるかというと、そんなに甘い話ではないと悲観的なリアリストのぼくは思います（間違ってるかもしれませんが）。ただ、世界を変える力があなたになかったとしても、世界の見方を変えることは比較的簡単にできます。それが、「タテ、ヨコ、算数」です。世界の見方を変えることができれば、より正しく世界を認識できれば、あなたがよりよく生き抜く可能性はちょっとは高まるんじゃないかと思っています。それが、どんなにクソろくでもない世界だったとしても。

支援の現場から考える、コロナ後の世界

雨宮処凛
作家・活動家

ある犬の死

あなたは生き物が死ぬ瞬間に立ち会ったことがあるだろうか。

私は最近、犬の死に立ち会った。18歳のチワワ。名前はサトちゃん（仮名）。気管支も心臓も弱っていて病院通いを続けていたサトちゃんは、その日の夕方、突然心臓が止まったらしい。飼い主の芳子さん（仮名）は、パニック状態で私に電話をかけてきて、「どうしていいかわからない！」と叫んだ。見よう見まねで心臓マッサージをしたら息を吹き返したものの、またいつ心臓が止まるかわからない。動物病院に電話したら「連れてきて」と言われたものの、動かしていいかもわからない、と。すぐに彼女のいるシェルター

に向かった。その道中、車を持つ友人に電話して、「本当に急で申し訳ないんだけど、サトちゃんが死にそうなので車を出してほしい」とお願いした。サトちゃんと会ったことのある友人は快諾してくれた。

芳子さんの部屋に駆けつけると、サトちゃんはペット用マットの上でぐったりしていた。口からはみ出た舌は白っぽくなっていて、一刻を争う状態がうかがえた。でも、息はしている。マットごと友人の車に運び、動物病院へ向かった。だけどその車内で、サトちゃんの呼吸は止まった。

「サトちゃん！　サトちゃん戻ってきて！」

芳子さんは膝の上のサトちゃんの身体をゆする。そうするとサトちゃんは喘《あえ》ぎ、息を吹き返す。そんなことが何度かあったが、しばらくするとサトちゃんは動かなくなった。だけど、芳子さんも私も友人も、「サトちゃんあと少しだから！」と話しかけ続け、なんとか病院に辿《たど》り着いた。

病院についてすぐ、獣医さんは待合室で蘇生のために手を尽くしてくれた。だけどすでにサトちゃんは息絶えていて、目を覚ますことはなかった。

わずか3ヵ月あまりの付き合いだった。

サトちゃんと出会ったのは、今年（2020年）の5月末。私たちが3月に立ち上げた「新型コロナ災害緊急アクション」の相談フォームに芳子さんが連絡をくれた。この「新型コロナ災害緊急アクション」は、貧困問題に取り組むNPOなど30ほどの団体からなるものだ。新型コロナウイルス感染拡大を受けて、旅行やイベントが中止になったり、「ステイホーム」が呼びかけられたりする中、仕事がなくなり、生活に困る人が続出していた。「家賃が払えない」「仕事をクビになった」「アパートを追い出される」。そんな人たちを支援するために立ち上げられたのが「新型コロナ災害緊急アクション」。関わる人たちは全員がボランティア。2006年から貧困問題を取材し、困窮者を支援する活動をしている私もメンバーの一人となった。

ここで支援の流れを説明しよう。4月に緊急アクションではサイトに相談フォームを立ち上げた。そこには今も毎日のように「昨日ホームレスになった」「もう何日も食べていない」「所持金が0円。もう死ぬしかないでしょうか」といったメールが届く。緊急度が高い相談に対しては、支援者がまずその人のいる場所まで駆けつける。そうして緊急の宿泊費と生活費を渡し、ホテルに泊まってもらう。その日か後日、詳しい聞き取りをして、生活保護など公的な制度に繋ぐ。その際も、一人で役所に行くと「まだ若いから働いてください」など追い返されてしまうことがあるので、支援者が同行する。そうして生活保護を受けたら自分でアパートを探して「家のある生活」に戻る。アパートの初期費用などは生活保護費から出るので心配ない。住所がないと仕事もなかなか見つからないが、アパートさえ決まれば仕事も見つかりやすい。そうして無事に仕事が見つかったら生活保護を「卒業」すればいいのである。そんな生活再建の手伝いをするのが支援者なのだ。こう書くと簡単そうだが、制度や法律に詳しくないと役所で追い返されたり、生活保護を受けたはいいものの何ヵ月も相部屋・大部屋の劣悪な環境の施設に押し込められて生活保護費のほとんどをとられ、「生活再建」などいつまで経ってもできないという状態になってしまう。

ペット連れの人が入れるシェルターがない

さて、芳子さんもそんな相談フォームから連絡をくれた。そこには、コロナで仕事がなくなって犬とともにアパートを追い出されたこと、所持金は150円あまりで、昨日から自分も犬も何も食べていないことが綴《つづ》られていた。

すぐに「新型コロナ災害緊急アクション」のメンバーが彼女と犬のもとに駆けつけた。普段だったら緊急宿泊費を出してホテルを予約するものの、犬が一緒に泊まれるホテルは高額だ（緊急アクションで出せるお金には一泊あたりの上限が決まっている）。ネットカフェも、犬と一緒では入れない。女性向けの公的なシェルターもあるにはあるが、こちらも犬連れでは入れない。この時、私たちは「ペット連れだとどんなに困窮していても民間、公的な支援からはじかれてしまう」という事実に愕然《がくぜん》とした。芳子さんと犬はすでに1ヵ月ほど野宿生活をしていたということで、その日も野宿になったものの、そんな生活を続けさせるわけにはいかない。もうすぐ梅雨に入るし、夏になれば猛暑は一人と一匹の体力を奪っていくだろう。

ということで、みんなで協力してなんとかペットと泊まれるホテルを数日確保。ホテルにチェックインする日、私は初めて芳子さんとサトちゃんに会った。ホテルのロビーで膝の上にチワワを乗せた芳子さんの周りには、「家財道具一式？」と思うほどの大きな荷物がいくつもあった。野宿生活になってから、自転車にそれを積んで移動していたらしい。芳子さんの膝の上のチワワは可愛らしい顔をしていて、撫《な》でようとすると小さく唸《うな》って吠《ほ》え始めた。飼い主である芳子さんを守ろうとしたのかもしれない。突然家を追い出され、移動移動の日々の中、いろいろなことがあっただろう。芳子さんもサトちゃんも、疲れ果てている様子だった。その日、久しぶりにベッドで眠ったという芳子さんは次の日の夕方まで熟睡したという。

芳子さんとサトちゃんと初めて会った帰り道、私は思わず「わっ」と泣き出しそうになった。芳子さんが大切そうにサトちゃんを抱く様子から、一人と一匹でお互いを支えにして暮らしてきただろうことが伝わってきたからだ。どうしてそんな人が、ここまで追い詰められなければならないのだろう。コロナで仕事がなくなったという理由だけで、命の危機にさらされなければならないのだろう。だって、もし私たちと出会っていなければ、どの支援にも制度にも繋がれなければ、東京の片隅で一人と一匹が餓死していたかもしれないのだ。

私にも、大切な猫がいる。16年前に近所で拾った猫のぱぴちゃんだ。昨年春、もう一匹の猫・つくしをリンパ腫で亡くした時は、脳からすべてのつくしの記憶を消して欲しいと思うほどに嘆き、悲しんだ。今も喪失感は癒えていない。そんな猫は私にとっては大切な家族で、どんなに困窮しようとも手放すなんて絶対に考えられない。ペットと暮らすすべての人が持つ思いだろう。

しかし、芳子さんは途方に暮れて区役所に生活保護の相談に行った際、役所の人に「犬を処分しろ」と言われている。私たちに出会う前のことだ。法的に、ペットがいても生活保護を受けることはできる。生活保護法のどこにもペット禁止なんて書かれていない。しかし、役所の人はそう吐き捨てたという。「もう二度と役所には行きたくない」芳子さんはそう言ってサトちゃんを抱きしめた。こんなふうにひどい対応をされることもあるから、窓口には支援者が同行しているのだ。

さて、ペット可のホテルに数日滞在している間に、私たちはペットがいても入れる民間のシェルターを確保した。そこに「引っ越し」をし、やっと落ち着き先が決まったと思った途端、サトちゃんは激しく体調を崩し、病院通いが始まった。

人間と違い、保険のきかないペットの医療費は高額だ。様々な検査の結果、気管支も心臓もかなり弱っていて継続的な治療が必要と判明した。ここまでの時点で、私たちは「反貧困緊急ささえあい基金」に寄せられた寄付金で支援をしていた。しかし、この寄付金は、コロナで困窮した人間のために寄せられたもの。動物の医療費に使うと「贅沢《ぜいたく》だ」という意見を言う人もいるだろう。また、ペットとともに路頭に迷って相談してくるケースは他にもあった。そこで私たちは「反貧困犬猫部」という基金を立ち上げた。飼い主とともに住まいを失ったり困窮したりしたペットを救うため、寄付金を集めることにしたのだ。6月、寄付を呼びかけると、多くのお金が集まった。

そうして動物病院通いの日々が始まった。最初の頃、私を警戒していたサトちゃんは、連日のように顔を合わせていると心を許してくれるようになり、ある日、動物病院の待合室で尻尾を振りながら私の膝によじ上ってきてくれた。私がサトちゃんに「認められた」瞬間だった。

しかし、18歳のサトちゃんの病状は予断を許さなかった。息をするのもやっとという状態だったため、獣医さんからは酸素室をレンタルするように言われた。酸素室のレンタル代も、寄付金からまかなった。シェルターに酸素室を導入してからは大分落ち着いてきたものの、それでも病状は一進一退を繰り返し、高齢のためか他にも不調が見つかって薬の量は増えていった。いつ、何が起きてもおかしくないことを感じていた。が、芳子さんはいつもサトちゃんを手厚く看護し、今日はどれくらい食べた、薬をちゃんと飲めたなど報告してくれていた。そんな日々が、6月から続いていた。最近は調子がいいようだったので、私はすっかり安心していた。それなのに、サトちゃんは突然逝ってしまった。

「助け合い」が大切にされる社会

改めて、サトちゃんはすごいチワワだと思う。

そもそもサトちゃんとの出会いがなければ、「反貧困犬猫部」が立ち上げられることはなかった。犬猫部ができたことによって、サトちゃんだけでなく、「ペットと暮らしているがお金がなくてフードが買えない」という飼い主さんにフードを送るなどの支援ができるようになった。また、サトちゃんとの出会いにより、「ペットと泊まれるシェルター」も新たに開設された。一緒に支援活動をする人がこの夏、都内に2ヵ所の個室を確保したのだ。サトちゃんと出会ったからこそ痛感した「ペット連れの人が入れるシェルターがない」という問題を解決したのだ。そこにはすでに、猫を連れた人が入っている。

そして一番すごいと思うのは、一時は飼い主さんとともに路上に出たサトちゃんが、最期の約3ヵ月、「無数の人々の善意」によって生かされたということだ。ある意味、会ったこともない多くの人々の善意が、サトちゃんを生かし続けた。

もし、私たちと繋がっていなかったら。最悪、サトちゃんは路上で命を落としていたかもしれない。その時、飼い主さんはどれほどの心の傷を負うだろう。それを思っただけでも、この3ヵ月間があってよかったと思う。サトちゃんが亡くなったことは悲しいけれど、私の中には「できることはすべてやった」という少しの達成感もある。

こんなことを書いていると、「だけど、なんで見知らぬ人の犬まで助けるの？」と怪訝《けげん》な顔をされることがある。私ももし、誰かがそんなことをしていたらそう聞くだろう。だけど、出会ってしまったら仕方ない、というだけの話だと思う。出会ってしまって、その犬が目の前で苦しんでいたら、誰だってたぶん、見捨てることはできない。それだけだ。そして、それだけのシンプルなことがなぜか「自己責任」なんて言葉で阻《はば》まれる社会だからこそ、

「ほっとけない」という感覚を大切にしたい。

そんな支援の現場から「コロナ後」を考えると、私は、世界は今より「助け合い」が大切にされていると思う。

なぜなら、今、私たちのしている活動はすべて寄付金でまかなわれているからだ。「反貧困緊急ささえあい基金」には、3月から8月までの間で8000万円以上が集まっている。「反貧困犬猫部」には400万円以上。コロナで家を追い出された人がホームレスになったり、簡単に会社をクビになる人がいたりとひどい現実もたくさん見てきた。だけど心が折れずに支援を続けていられるのは、それ以上の善意に触れているからだ。

自分だって、いつどうなるかわからない。住む場所を失い、猫とともに路頭に迷うかもしれない。あなただってそうだ。その時、「自己責任」と突き放される社会と、「大変でしたね」と誰かが助けてくれる社会、どちらがいいだろう?

助け合うことは、少しずつ迷惑をかけ合うことだ。だから私は誰かを支援したら「迷惑マイレージがたまった」と得した気分になる。

自分が困った時には心置きなく助けを求められる人が、私にはたくさんいる。その「心強さ」を、コロナを機に、広めたい。

「大学の学び」とは何か
――「人生すべてがコンテンツ」を越えて

増田聡
音楽美学・ポピュラー音楽研究

椎名林檎になるための方法を教えてくれる学校

最近、20年近く前のある出来事をしばしば思い出します。

私は現在、大阪の大学で音楽文化論などを教えていますが、かつてとある地方の教育大学で助手をしていたときのことです。ある4年生が進路相談にのってほしい、とやってきました。

勤務していたのは音楽教育科でしたので、学生の多くは小中学校などの音楽の先生を目指していました。しかし彼女は、地方の学校教師ではない生き方がしたかったのでしょう。ロックやJポップなど、「学校の外の音楽」を研究していた私に、意を決したようにこんな質問をしました。

「先生、私は将来椎名林檎になりたいんですけど、どこの学校で何を勉強すればなれるのでしょうか？　教えてください」

椎名林檎は現在でも一線で活躍している息の長いミュージシャンですが、当時は大学生の間でも大変人気がありました。しかし「椎名林檎になるためにはどのような勉強をすればよいか？」という、彼女の「人生を賭けた」（ように思われたのです。決して冗談で言っているのではないことは真剣な眼をみれば明らかでした）質問に一瞬たじろぎました。

いやね、あなたは椎名林檎じゃないでしょう、どんな勉強をしても別の人にはなれないんですよ、と説得を試みたのですが彼女はききません。「だって先生、この大学では学校の音楽の先生になるための勉強を教えているわけじゃないですか。なら椎名林檎ではなくても『椎名林檎みたいなミュージシャンになる』ための勉強を教える学校も必ずあるはずでしょう？　だから椎名林檎はそういう学校で学んで『椎名林檎みたいなミュージシャン』になったわけでしょう？　私もそこで学びたいです。東京に行けばそういうことが学べる大学や専門学校はありますか？」

矢継ぎ早にまくしたてる彼女の情熱に少し気圧《けお》されつつも、椎名林檎は椎名林檎本人の才能を自分で育てて現在のようなミュージシャンになったわけで、「そういうふうになる」なり方を学校で教わったわけではない、あなたが考えるような「椎名林檎になるための知見を教えてくれる学校」は存在しないのです、といったことを丁寧に説明しました。彼女は納得しないまま帰っていきましたが、その不服そうな顔が今でも思い出されます。

「椎名林檎になるための学校」という考えは、当時の(今でも)私には想像すらできないことでした。しかし「そういうものがどこかに必ずある」という確信を彼女がもっていたことは間違いありません。そしてそれを学びさえすれば(私には不可能と思える)「椎名林檎になる」ということも実現できるのだ、と彼女は信じていたのです。つまり「どのような知識や技能でも、どこかでパッケージされて存在している」はずであり、「大学とは、そのような『能力のパッケージ』を学生に『インストール』するところである」という彼女の確信に、私はたじろいだのです。

大学が抱えるジレンマ

コロナ禍の下で、大学も困難を強いられているのはご存知の通りです。コロナウイルスの感染拡大が本格化したあと、どの大学も矢継ぎ早に閉鎖され、オンラインでの授業実施に慌ただしく舵《かじ》を切りました。この半年の間、キャンパスには人影をほとんど見ることができません。私も毎日パソコンの前に座り、ネット越しに授業を行うのが日常になりました。

気の毒なのは1年生です。ようやく入学した大学にまだ足を踏み入れていない1年生も多く、膨大な課題をパソコンでこなすばかりの毎日に不満の声も多く聞かれます。小中学校や高校が通常の授業を再開しているのに、大学はなぜ遠隔授業が中心なのか、という疑問もきかれるようになってきました。

その一方で、感染者のクラスターが発生した大学は社会から激しいバッシングにさらされています。3月には京都のある大学で多数の感染者が出現し、大学に多数の抗議が寄せられました。8月には奈良の大学でクラスターが発生したことで、無関係の当該大学の学生がアルバイト先から解雇されるなど、人権侵害ともいえる事件すら生じています。

大学はジレンマに陥っています。オンラインだけで授業を行っても不満が出るし、かといって通常授業を再開すれば感染者の増大は避けられない。このジレンマはすぐに解消されるとは思えません。しばらくの間、もしかしたら数年単位で、大学は遠隔授業を基本にしたかたちでしか活動できないかもしれません。

こういった「未知の事態」に際して、どのように適切に振る舞い対処するべきかを考えることは、本来大学に、あるいはより広く「知」に求められていることなのだろうと思います。

しかし、現在の大学がそれに応えられているようにはとても思えない。むしろ逆に大学は、社会からのバッシングに怯《おび》え、学生からの突き上げに苦悩し、右往左往しているように見えます。

それはなぜか。

おそらく、「大学」というものへの社会からの期待が変わってしまったからです。大学は社会をリードする知を生み出すことよりもむしろ、既存の知識を効率的に学生に植え付けることを期待されるようになってきた。その帰結が、未知の状況の中で社会の声に右往左往する大学の姿です。

ここ数十年、大学は「学生にしっかりと勉強させること」に取り組んできました。いえ、正確にいうならば、政府や社会の「学生にしっかり勉強させているエビデンスを見せなさい」という要請に従ってきた、と表現する方が適切かもしれません。

１９８０年代、といえば現在政策を決定している政治家や官僚が大学生だった頃ですが、「大学のレジャーランド化」が批判されていました。今では信じられないことですが、当時の学生たちはロクに勉強せず、アルバイトやサークル活動を謳歌《おうか》し遊んでいるばかりだ、とマスメディアはしばしば報じました。

政府は90年代以降、大学を大きく「改革」していきます。それまで事細かに規制されていた（けれども厳格には守られていなかった）教育カリキュラムを、各大学がある程度自主的に決定できるようにする一方、カリキュラムやシラバスをきっちりと整備させ、授業内容を詳細に定めることを求めました。そして、事前に定められた通りに授業を提供するよう、大学に求めたのです。つまり、大学を「学生に勉強させるための場所」として徹底しようとした、と言えるでしょう。

そのような「改革」の実施によって何が起きたか。2010年代に明らかになってきたのは、日本の大学の教育研究水準の停滞です。国際的な大学ランキングは著しく低下しました し、大学生の学力低下への批判はやむことがありません。すなわち政府による「大学は明示したカリキュラム通りに勉強させるところであるべきだ」という「改革」は逆効果だった、といっていいでしょう。

なぜそのようなことが起こるのでしょうか。学生をカリキュラム通りに「きっちりと勉強させる」仕組みを強化すれば、学生の学力は向上するように思えます。それなのにむしろ大学の教育や研究能力は低下してしまった。その背景にはわれわれの社会の「知」というものの捉え方の変化が横たわっているように思えるのです。

言葉の変化は社会の変化

別の角度から考えてみましょう。

「コンテンツ」という言葉があります。音楽や映画といったエンタテインメント表現を指して使われることが多い言葉ですが、書物や放送番組、インターネットで見聞きすることができるさまざまな情報も指しますし、最近では大学の講義でさえ「コンテンツ」と呼ばれることが少なくありません。大雑把にいえば「情報のひとまとまり」くらいの意味で広く使われている言葉です。

コンテンツという言葉が日本語に定着したのはさほど古いことではありません。新聞記事データベースなどで調べてみると、「コンテンツ」は、90年代なかば頃に日本語の空間の中に急浮上してきた言葉だとわかります。それまでの「作品」や「楽曲」、「番組内容」といった言葉をひとまとめに塗り替えるように「コンテンツ」という言葉は流布しました。

言葉の変化とは、単に「同じものを違う言葉で指すようになった」ことではありません。一つの、あるいは複数の言葉が別の言葉にとってかわられるとき、その背景には社会の「ものの見方」の変化が横たわっています。言葉の変化は社会の変化です。

コンテンツという言葉の浮上は、社会における文化や知識をとらえる枠組みの変化を示しています。それをもたらした要因の一つはインターネットの社会への普及でしょう。1995年はウインドウズ95が発売され、パソコンからのネット接続が容易になった年です。インターネットは異なった種類の多様な表現や知識をデジタルデータという共通の状態に還元することで、情報の流通を著しく便利にしました。かつては別々のメディアによって支えられ、各々異なるかたちでわれわれの思考や感性を形作っていたさまざまな知識や文化表現は、90年代なかばを境としてデジタルデータのかたちで一括して扱われ、消費される傾向が進んでいくことになります。

「コンテンツ」という概念は、知識や表現の質的な違いよりも、それが「ひとかたまり」の情報として同等に扱えることを強調します。書物と放送番組が同じく「コンテンツ」であると名指されるようになると、それを評価する観点もまた似通ってきます。かつては、書物とテレビ番組は別のメディア、別の世界、別の価値基準に属するものでした。テレビ番組であればそれは速報性によって評価され、書物であればそれが人間の知性にどのように深い影響を与えるかにより評価されました。

しかし「コンテンツ」として同一のスマートフォンで視聴される対象になれば、その区別は融解していきます。「面白いか」「泣けるか」「笑えるか」。あるいは送り手にとっては、そのコンテンツがどれだけ「売れるか」。異なるメディアに隔てられ、異なる基準により評価されていた知識や情報や表現は、今や横並びに測られるようになりました。

大学は勉強するところではない

かつては、知識とはそれとの長い格闘の末に身につけるものでした。それが「コンテンツ」と呼ばれるようになってから、教育のあり方も変化したように感じます。何かのために必要な知識は、どこかに「コンテンツ」として存在しており、必要ならそれを見つけて「アクセス」しさえすればいい、という感覚が、学生や社会に浸透したように感じます。

先に触れた、「カリキュラム通りに学生をしっかり勉強させる」ことを目指した大学「改革」の背景にあった考え方は、私の考えでは、知識や能力を「コンテンツ」としてとらえる考え方です。学費を払った分に見合うだけの知識や能力が得られる場として、つまり、「知」を商品のように取引するような場へと大学は変化させられてきました。

しかし、大学教育は「コンテンツをインストールする」こととは本質的に異なります。皮肉なことに、コロナ禍によって大学に通えなくなり、「オンライン授業はうんざりだ」「早く大学を再開してくれ」と声をあげる学生たちこそが、そのことに気づきつつあるのかもしれません。

教育内容＝コンテンツが、オンライン授業のかたちで学生に伝達されている現在の大学の状況は、いわば（政府が、あるいは社会が理想とした）「勉強に純化された大学」です。授業と授業の間の移動時間や、友人との雑談や、サークル活動などといった「勉学と直接関係ない」要素をすべて排除した、純化された「知識コンテンツのインストール」に多くの人々が不満を漏《も》らしている。この事実は、勉強以外の無駄なことがむしろ大学の本質であったことを示しているのではないでしょうか。

いえ、もっと強く言いましょう。「大学は勉強するところではない」のです。

大学とは「学術の中心として、高い教養と専門的能力を培うとともに、深く真理を探究して新たな知見を創造し、これらの成果を広く社会に提供することにより、社会の発展に寄与する」（教育基本法第７条）と定められている制度です。「新たな知見を創造し」というところがポイントです。大学とは「まだ存在しない知」を生み出すことこそがその存在根拠なのです。

つまり大学とは、知識を商品のように学生に売るところではありません。また、知識を持った「人材」を育成して企業に送り出すためのところでもない。そうではなく、大学とは、一人一人の学生の知的成長を促すための場所や機会を提供することで、社会にとって必要な知を維持し、そこから新しい知を生産するための場です。

それはハードディスクにソフトウェアをインストールすることよりも、公園で子供たちが創意工夫して遊んでいる状況に似ています（教員や図書館は「ジャングルジム」のような遊具に似ています。その「使い方」に定まった決まりはありません）。「知」とはデジタルデータではなく、身体と感情を持った人間一人一人が身につけ、実践し、対話し、試行錯誤する中でしか「役立たない」。大学とはそのために用意された場です。新型コロナウイルスが社会にもたらした「良い影響」がもしあったとするならば、ただオンラインで勉強だけすることが「大学の学び」ではない、ということに人々が気づいたことではないでしょうか。

コロナ禍がわれわれに教えたことは、このような経験したことのない難局に対するために必要な知とは、すでに誰かによって形作られパッケージされている「コンテンツ」ではありえない、という簡明な事実です。われわれはメディアで発言する専門家の意見の「食い違い」を日常的に目にしています。ある専門家は「PCR検査を拡大すべきだ」と主張し、別の専門家は「無闇な検査は控えるべきだ」と言う。あちらの専門家は「いち早く都市をロックダウンすべきだ」と言い、こちらの専門家は「経済への悪影響を考えるべきだ」と言う。

われわれはこのコロナ禍を解決してくれる解決策がどこかにあるはずだ、と信じたい。しかしそんなものは「まだ」どこにもない。コロナ禍を乗り越える知見はコンテンツとしては「まだ」存在していないのです。それは身銭を切って必死に考え、調査し、研究している

「誰か」がこれから生み出す「かもしれない」ものです。それを担うのが「知」の仕事であり、大学の仕事なのです。

コロナ禍に限りません。何であれ「問題を解決すること」の確かな道筋は、どこかの誰かが出来合いの答えとして示してくれるわけではありません。それは最終的には、自分の知性をもとに、自分の責任と判断で、自分自身で選び取っていくしかないのです。

椎名林檎になるための「コンテンツ」がどこで学べるかを私に尋ねた彼女が今どこでどうしているか、私は知りません。ですが彼女には、現在のコロナ禍の中で「誰かが教えてくれる簡単な解決策なんてない」と思っていてくれたらいいな、と私は願っています。

3. Letters from over 50

50代からのメッセージ

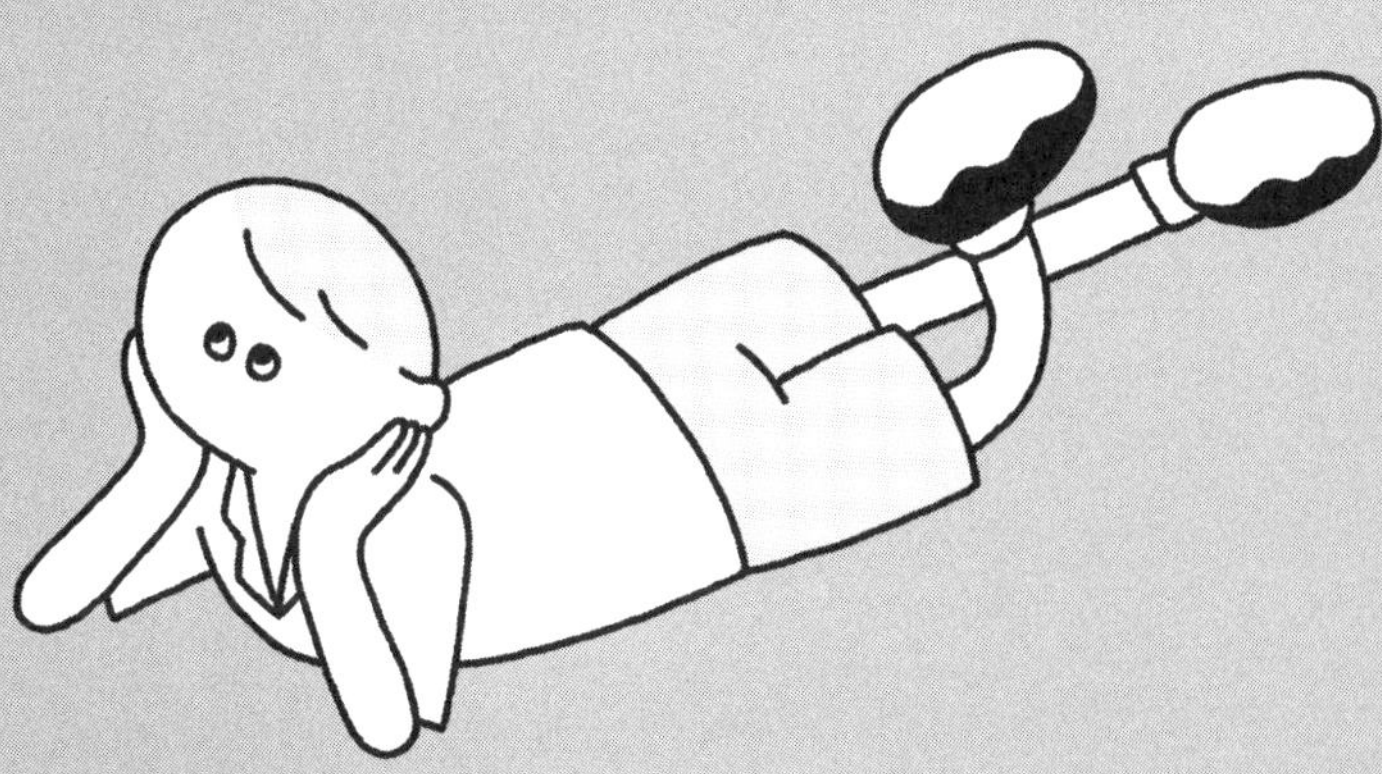

コロナで明らかになった日本の最も弱い部分

――対話・エンパシー・HOME

平田オリザ
劇作家・演出家

日本と韓国のライブエンタテイメント業界に起きたこと

とりあえず、私たちの業界で何が起こり、また、どのようになっていくのかを記しておく。

演劇や音楽などのライブエンタテイメントの世界は、2月末から自粛が始まり、3月には90％、そして4月にはほぼすべての劇場が扉を閉ざした。他の業界に比べても、格段に高い自粛率だったと言えるだろう。

そして、緊急事態宣言が解除された6月の中旬から少しずつ公演の再開が始まった。しかし9月中旬までは客席数を定員の50％以下にするという内閣府が出したガイドラインがあったので、どの劇場も一席ずつあけての上演となっていた。

私たちの業界では、マスクをして、静かに一定方向を向いて鑑賞をしていれば感染の確率は極めて低いというのが通説となっていた。実際いまも、ロビーでも客席でも、会話は禁止か、極力控えていただくようにお願いしている劇場が多い。日本の劇場は諸外国に比べても換気の基準が厳しく、大きな劇場は一定時間内に空気を入れ替えるシステムも有している。そういった科学的な知見をもとに、文化庁、内閣府とも協議して、先に記した観劇やイベントのガイドラインも作っている。

多くの劇場は採算分岐点を7割から8割で想定しているから、客席が半分では初めから赤字覚悟だ。進むも地獄、退くも地獄といった状態になってきた。

そんななか新宿の小劇場から感染者が出て「劇場クラスター」などとワイドショーで話題になった。確かに出演者と観客双方に100名からなる感染者が出て、国内最大級のクラスターとなったのは事実なのだが、いわゆる「出待ち」など、劇場外でのファンとの交流もあったようで感染経路の真相はいまだ藪《やぶ》の中だ。

これまで、どの劇場も再開に向けて、涙ぐましい努力をしてきた。日に何度もの除菌、殺菌。出演者はもちろん、観客もスタッフも、劇場に入る際の検温はもちろん、いくつもの関所で手指の除菌を行い、連絡先の把握も行う。出演者全員に高額のPCR検査を課し、飲み会はもちろん、他のアルバイトも禁止している劇団も多い。客席数は半分に制限されているのに、スタッフの数は倍になっている。だが、どんなにマニュアルを整備し、それを履行したところで、出演者やファン一人ひとりの行動まで、すべてを律することは難しい。

不思議に思われるかもしれないが、この間、韓国では入場者の制限はあっても、多くの劇場は開いていた。

よく知られるように、韓国では、2月末に第三の都市大邱《テグ》（人口250万人）で、新興宗教の大規模集会がクラスター化したことから一挙に感染が拡大し、一時は危機的状況に陥った。しかし、MERS《マーズ》などの経験から感染予防の準備が行われており、

- 希望者がほぼすべてPCR検査を受けられる。
- 準戦時下にあり、徴兵制度などを有することから個人情報の把握がしやすい。

といった背景もあいまって、賛否はあるものの感染者情報をネットを通じて全面公開していくことで感染の拡大を防ぎ、この段階ではほぼ鎮圧に成功した。

感染拡大が最も激しかった2月下旬から、K－POPなどの大規模イベントは自粛されたが、しかし演劇については感染対策をとったうえで上演が続けられた。それどころか、韓国の文化庁にあたる文化体育観光部は、初めての感染者が発見された直後から、民間小劇場に

消毒剤などの物品支援を行っている。すなわち、感染対策の基準を守れば上演は継続してかまわないし、そのための支援は政府の責任で行うという方針だ。

この時点（4月、5月）では、正直うらやましいと思ったし、日本にもまねできる部分もあるだろうと考えていた。ただ、もう一点、なんとなく、それだけではないのではないかという気がしたので、4月末の時点で、韓国の知人に以下のような質問を投げかけてみた。

「日本は最初にライブハウスが感染源になったので、劇場などが閉鎖の対象になりました。ライブハウスは飲食もできる感染しやすいスペースだったのですが、一般の方には劇場と区別がつかないので、いまは、すべての劇場、コンサートホールが閉鎖になっています。たとえば、韓国では宗教施設のミサが、最初に禁止されたといったことはありましたか？」

返答は予想通りのものだった。

「そうですね。韓国は、最初に爆発的に感染者が出たのがある宗教施設でしたので、教会のミサが厳しく禁止されました。全国のカトリック教会やお寺も、強制はされなかったですが、自ら閉鎖し、いまもミサなどは行っていません。ただ、プロテスタント教会では、教会に信者たちが集まる行為自体が重要視されているそうで政府ともめています……。ご存じのように、韓国はプロテスタントの教会がとても多いので、強制するのも大変だそうです。そこで教会側が、多くの劇場や飲食店は普通に営業しているのに、教会だけ閉鎖するのはおかしいと主張したりしました。確かに、一般の方には区別がつかないようです……」

繰り返すが、この時点で韓国は、ウイルスの封じ込めに成功しつつあった。劇場が開いていたのは、「芸術家福祉法」など先端的な文化政策を有していたという背景もある。しかし社会全体で見ると、業種、業態こそ違えど、日本と同じような現象が起きていたのだ。

新興宗教の集会がクラスターになってしまったのは不幸なことだが、確かに、韓国の新興宗教の集会は身体的な接触を伴うものが多く、いわゆる三密＋1（声を出す）を構成しやすい。カトリック教会などは大規模なものが多く、聖餐《せいさん》など飲食を伴う儀式も多いので、これも危険度は高い。最大宗派のプロテスタントは数は多いが、少人数であったり、賛美歌を歌わない、各自が距離をとるといった対策をとれば安全度は増す。

私はいまも、少なくとも2月、3月の時点では、日本においても小劇場での上演は行ってもかまわなかったと考えている。また、実際、政府や専門家会議からも、そのような厳密な自粛の要請は出ていなかった。

ライブハウスの方たちには大変申し訳ないが、劇場・音楽堂とライブハウスは業態が全く異なり、これをひとくくりにされることにはやはり無理がある。

もちろん、「いや、人が集まること自体がだめなのだ」という主張は当然あるだろう。しかし、2月から3月中旬までの時点では、「大規模イベントの自粛」「不要不急の外出は避ける」という二点のみが強調されていた。

要するに、接待を伴う飲食業など他の業種に比べて、劇場は相対的に安全だったにもかかわらず、最初にライブハウスがクラスター化したという不幸からの連想、そして政府からの曖昧な自粛要請の結果、私たちは90%以上という高い自粛率で劇場を閉めざるを得なくなった。「勝手に自粛をしたのだろう」という見解もあるだろうが、現実には、「自粛警察」などと揶揄《やゆ》される行為が、演劇界、音楽界に対しては早々に向けられていたのだ。

韓国との比較に戻るなら、かの国では、新興宗教の集会が最初にクラスターになったために、そこから派生して比較的安全であるはずの、他の宗教施設までが集会禁止の圧力にさらされた。同じように日本では、ライブハウスが感染源となったために、関連するライブエンタテイメント産業すべてが、強い「自粛圧力」にさらされることになった。

誰が悪いわけでもないが、劇場・音楽堂が、大衆の深層心理のスケープゴートとなった。海外での取材が難しくなったという事情もあるだろうが、ジャーナリズムにおいてもこういった視点での比較、報道はほとんどされていない。事後でもかまわないので、社会心理学の方たちなどに、きちんと検証をしてもらいたい点だ。

以上は4月末に書いたブログを一部抜粋、現状に合わせて加筆修正したものだが、基本的な部分で私の信条は変わっていない。

日本政府も、遅ればせながら560億という異例の文化支援予算を組んだ。ただ、政府が「休業補償はしない」と宣言してしまったために、とても使い勝手の悪いものになっている。

9月19日には50％条項が撤廃され、声援を伴わない演劇や音楽の「鑑賞」については満員での上演が許されるようになった。しかし、観客はまだ劇場に戻ってきていない。一度、植え付けられた印象は、なかなか拭うことは難しい。50％の制限下ではチケット代の高騰も見られた。では富裕層だけが生の舞台芸術に触れられる状況でいいのかという、芸術の公共性が改めて問われる事態が来ている。

一方、韓国も感染の再拡大を受けて、中止となる公演も出てきている。ライブエンタテインメントの世界は、いずこも、まだ苦難の時が続く。

エンパシーが苦手な日本

私はこの十数年、「日本には対話がない」ということだけを語り続けてきた。日本社会は会話は得意だが、対話は苦手だということだ。会話＝conversationと、対話＝dialogは、英語でははっきりと異なる概念だが、日本語ではこの区別が曖昧だ。いや、対話の概念自体が弱いと言ってもいい。だから辞書を引くと、「対話」＝「一対一で喋ること」などと書いてある。私なりの定義は、会話とは「親しい人同士のおしゃべり」、対話とは「異なる価値観を持った人同士の価値のすりあわせ」を指す。

近年はまた、この相似形として「日本社会はシンパシーを持つのは得意だが、エンパシーが苦手」とも説明をしてきた。

これも訳語が難しいのだが、私は「シンパシーからエンパシーへ」を、「同情から共感へ」「同一性から共有性へ」と紹介してきた。「シンパシー」が「同情」といった自然に湧き出てくる感情であるのに対して、「エンパシー」は異なる他者を理解するための行為、態度あるいは手段である。

いじめ問題を学校で扱うとき、先生方はよく「いじめられた子の気持ちになりなさい」と言う。しかし、少し考えればわかると思うのだが、「いじめられた子の気持ち」がすぐにわかるのなら、そもそもいじめなど起こらない。いじめ問題の初期段階では、いじめている側にはその自覚がなく、だから相手もいじめられていると思っていないと考えてしまう点に問題がある。

「いじめられている子の気持ちになる」のはとても難しい。しかし、いじめている側にも、何か似たような体験から、それを類推することはできる。少なくとも、そこに向かって努力することはできる。それが「エンパシー」と呼ばれるものだ。

ハウスとホーム

会話はあっても対話がない。

シンパシーは得意だが、エンパシーは苦手。

ということの文脈で、今回のウイルス禍を分析するなら、「日本には house はあるが home はない」とも言えるかもしれない。それは北九州でホームレス支援に取り組む奥田知志氏が繰り返し述べてきた「ホームレス」と「ハウスレス」は違うという主張とも通底している。ハウスは単なる住む家のことだが、ホームとは帰るべき場所、家族や親戚、友人も含む関係性を伴う場を指す。

今回のウイルス禍では、政治家も経済人もマスコミも、「Stay home」「Stay at home」という言葉を無邪気に直輸入で使った。そこでは、「home」の持つ語感はほとんど意識されてこなかった。「Stay home」の訳語が「おうちにいようよ」といった幼児語になったのは、その一つの証左である。多くの場合、幼児語でしか訳せない（ごまかせない）ということは、的確な概念自体が日本語にはないということだ。

社会には一定数、閉じこもるべきハウスはあっても、帰るべきホームのない人々がいる。そのことに誰も意識を向けなかった。このホームを持たない人々が、「Stay house」を強要されることで、ネット上などで凶暴化してしまったのではないかと私は感じた。本来は、この人々のことを政府はもっとケアすべきだった。イギリスには近年、「孤独担当大臣」が生まれたと聞く。このようなときに、担当大臣までいるのは大きい。

憲法第25条では、「すべて国民は、健康で文化的な最低限度の生活を営む権利を有する」と記されている。健康的な生活を送るために緊急事態宣言が出され、各家庭にマスクが2枚配られた。最低限度の生活を送るために国民一人ひとりに10万円が配られた。だとすれば、文化的な生活、社会的な生活（社会とのつながりを保った生活）の維持のために、たとえばすべての一人親世帯に絵本を5冊配るといったことも必要だったのではあるまいか。あるいは、緊急事態宣言中はNetflixやAmazon Primeを無料にするといった政策も可能だったかもしれない。

残念ながら、このような視点が政治にも経済にも欠けていた。

文化による社会の包摂

さらに今回の厄災の、これまでの自然災害との最も大きな違いは、「弱者のいない災害」ということなのだと私は考えてきた。

特に日本では、初期のクラスターが、クルーズ船やライブハウス、あるいはナイトクラブなどで発生した（疑われた）ために、どうも富裕層や遊んでる奴らがかかる病気というイメージができてしまった。本来、被害者、少なくとも弱者であるはずの罹患者《りかんしゃ》が厳しいバッシングを受け、それが有名人の場合には謝罪さえしなければならない事態となった。

日本人は、弱者に同情することは得意な、心優しい民族だ。しかし異なる価値観、異なる文化的背景を持った人たちの行動に思いをはせるのは、少し苦手だと言えるだろう。

今回のウイルス禍は、同情すべき対象がない。唯一、絶対的に同情すべきは医療従事者で、そこへの感謝の輪は広がりつつあるが、一方で医療従事者への差別や排除さえも存在する。

同情の明確な対象を失った大衆には、ストレスだけが残る。東日本大震災の際には、誰が見ても、家族や友人を失いながら粛々と避難所で列を作る東北の被災者に誰もが同情し多くの募金が集まり、多数のボランティアが駆けつけた。首都圏の人々は、理不尽とも思える計画停電なども受け入れた。「もっと辛い人がたくさんいる」と思えば、人は少しの間、何かを耐え忍ぶことができる。しかし今回は、それがない。「自分が一番我慢している。なぜ、他の奴らは我慢できないのか」という鬱憤《うっぷん》がたまる。

命は誰にとっても大切だ。それは当たり前のことだ。

しかし、命の次に大切なものは一人ひとり違うだろう。音楽で人生が救われた経験のある人は多い。映画や演劇に勇気づけられることもあるだろう。スポーツ観戦が生きがいの人もいれば、カラオケでストレスを発散する人もいる。

「この非常時に！」と他者に向けて目くじらを立てることは簡単だが、その人が「命の次に大切にしているもの」に思いをはせることは難しい。エンパシーは教育の中で育てていくものなのだが、ここがまだ、日本の学校教育は追いついていない。

今回の新型コロナウイルスの一つの特徴は、各国において、その国、その社会の最も弱い部分が露呈するという点にある。日本においては、

- 会話はあっても対話がない。
- シンパシーはあってもエンパシーがない。
- ＨＯＵＳＥはあっても、ＨＯＭＥがない。

という三点が問題であった。

芸術は他者理解のための最も重要なツールの一つだ。だから本来、ネットで凶暴化してしまった人々、「演劇なんて不要不急だ」と言っている人々にこそ芸術を届けたい。

しかし文化、芸術は届けたいところに届かないというジレンマを常に抱える。よほどの強い文化政策がなければ、ここは動かない。「文化による社会包摂」について考える大きなチャンスでもあるのだが、残念ながら、その機運はない。

いや、その機運を地方自治体からでも創っていく必要があると、私自身は奮闘しているつもりなのだが。

コロナ禍と人間
——私たちはどう生きるのか

想田和弘
映画作家

コロナ禍で失っていたもの

アメリカのニューヨーク市に住み始めて、27年になります。

2020年の2月14日、拙作『精神0』の世界初上映がニューヨーク近代美術館（MoMA）で行われた際、ニューヨーカーは全く普通の暮らしをしていました。

約400人を収容できる大劇場は観客で埋め尽くされ、握手やキスが盛んに交わされ、上映後の打ち上げでは料理がシェアされていました。そのころ、中国の武漢や日本に停泊していたダイヤモンド・プリンセス号では、新型コロナウイルスがすでに猛威を振るっていましたが、ニューヨーカーには「遠く離れた極東の災い」にすぎなかったのです。

ところが翌3月、状況は激変します。市内での感染拡大を受け、飲食店や映画館、劇場、美術館などが強制的に営業停止となり、市民には「ステイホーム」の掛け声のもと、自宅待機令が出されたのです。いわゆる「ロックダウン」です。

同様の措置は全米各地で取られ、外国からの入国の制限や禁止も発令されました。

僕はこの事態に、とても驚きました。

なぜなら私たち一人一人には、「経済活動の自由」、つまりお金を稼ぐための活動をする自由があります。貨幣経済では、もともと家がお金持ちか、完全な自給自足をしないかぎり、働いてお金を稼がなくては生きていけませんから、それは生きるためにどうしても必要な権利であり自由だと僕は思います。

また、私たちには「移動の自由」、つまり行きたい場所に移動する自由というものもあります。生活を維持していくためには、必要なときに必要な場所に行けることが肝心ですから、これも生きるために必要な自由であり権利であると言えるでしょう。

僕がびっくりしたのは、このように私たちが幸福に生きていくうえで欠かせない自由と権利が、さしたる議論や手続きも経ずに、国家や州の指導者の鶴の一声によって、あっという間に市民から取り上げられてしまったからです。とくに「自由」を何よりも大事にしてきたようにみえたアメリカ社会でそれが起きたのですから、なおさらです。

しかしさらに驚いたのは、そうした措置が圧倒的多数の米国市民によって支持されたことです。それどころか、ロックダウンの大きすぎる副作用を懸念したりするだけで、「人の命が失われてもいいのか」などと近い友人からも非難されました。

命を盾に取られると、思わず口をつぐんでしまうものです。

僕も命は大切だと思うからです。

その状況は、日本でもほとんど同様でした。

ご承知の通り、日本では4月7日に安倍晋三首相（当時）によって緊急事態宣言が発令され、それを受けて全国の都道府県知事が飲食店や公共施設、映画館などに営業自粛を要請しました。また、国民にはなるべく自宅に「ステイホーム」し、会社にも出社せずにネット上で仕事（テレワーク）をすることが要請されました。

飲食店が営業していたり、県外ナンバーの車が駐車していたりすると、「自粛警察」と呼ばれる人たちが嫌がらせの張り紙をしたりして、警察のように〝取り締まる〟ような現象も生じました。

また、誰かが感染したことが明らかになると、その人が感染していたとみられる期間に移動した場所や、移動に使った新幹線の座席番号などがマスメディアによって暴かれ、「ウイルスをばらまいた」「バイオテロだ」などと人々からバッシングされました。その結果、感染者やその家族が、引っ越しや転職を迫られたというケースも生じてしまいました。

こういう状況下では、とても自由に行動することなどできないでしょう。

改めて考えると、これは恐るべきことです。別にクーデターか何かが起きたわけでもないのに、私たちはいつの間にか、経済活動や移動の自由といった「基本的人権」を、事実上、失っていたのです。

もちろん、私たちの自由や権利は、そもそも無制限に行使できるわけではありません。たとえば、Aさんは「表現の自由」が保障されているからといって、Bさんについての事実無根の中傷をネットに書いてよいわけではありません。なぜならBさんにも基本的人権があり、Aさんの行為はBさんの人権と衝突するからです。

民主社会では、Aさんの人権もBさんの人権も等しく大事にされることが必要で、両者が衝突する際には、何らかの折り合いをつけなければ立ち行かないのです。

そういう意味では、コロナウイルスが蔓延《まんえん》する中、私たちの権利がある程度制約を受けることは、いたしかたない面もあります。陽性だとわかっていながら普段通りに外出すれば、ウイルスを拡散する可能性が高まり、他人の生存権を脅かすことになるからです。感染していない人の権利を守ろうとするならば、感染者の権利に合理的かつ最小限の制約が課されるのも仕方がないとは言えるでしょう。実際、感染者が隔離されることが法的に容認されるのも、このようなロジックに基づいています。

しかし社会を民主的に保ちたいのであれば、このように個人の自由や権利に制約を課すことには、極めて抑制的でなければなりません。同時に、私たちは制約を課したり課されたりすることに、常に抵抗感と違和感を保たなければならないのであって、絶対に慣れてしまってはいけないのではないでしょうか。

でなければ、私たちは先人の努力によってようやく獲得した基本的人権やデモクラシーを、永久に失うことになるでしょう。というのも、多くの権力者にとって、市民の人権を容易に制限できる状況は、とても都合がよいものだからです。

生きるうえでの大事な活動

いずれにせよ、「新型コロナウイルスから命を守れ」という掛け声のもと、仕事も教育も娯楽も社会生活も個人の自由も犠牲にする政策が、アメリカでも日本でも、というよりほとんど全世界で、人々の協力のもと、かつてない規模で実行されました。

その影響は甚大です。

まず、恐ろしいほど大勢の人々が、一気に仕事を失いました。コロナ前には順調に経営されていた人気のお店や会社も潰れました。

お店を経営していた方々や、そこで働いていた方々の人生設計は、大きく狂ってしまったことでしょう。多額の借金を抱えたり、希望を失ったりして、自殺に追い込まれる人も数多く生じてしまうのではないでしょうか。

また、4~6月期のアメリカの実質GDP速報値は、年率換算で前期比32・9%減となりました。

社会科の授業でも習ったかもしれませんが、GDPとは国内で一定期間内に生み出されたモノやサービスの付加価値のことです。要はその国の生産性を図る指標です。その指標が、統計を取り始めた1947年以降最大の落ち込みを記録したのです。

アメリカと同様にロックダウンを行ったヨーロッパのユーロ圏でも、同時期の実質GDPが40・3%も減じました。日本でも27・8%も減りました。

世界中の経済が壊滅的な打撃を被ったといえるでしょう。

みんなが一斉に経済活動の自由と移動の自由を奪われ、活動を停止してしまったのですから、当然といえば当然の結果です。

ただし、これを単に経済＝お金の問題と考えるのは正しくありません。お金が動くということは、たいてい、それに伴って何らかの社会的な活動や交換がなされるということを意味します。つまりお金が動かないということは、ひるがえって社会的な活動や交換の停滞を意味します。

そう申し上げてもイメージがつきにくいでしょうから、身近な話をします。

僕には〝アラ80〟になる母親がいます。

母は父と一緒に経営していた小さな会社を畳んだ後、仕事からは引退して老後の生活を送っているのですが、コロナの前は公民館で毎週1度開かれるコーラスや体操の会に出席するのを楽しみにしていました。

仕事をやめた母にとって、それらは近所の人たちや社会とつながる大事な接点でした。認知症の予防が大事になってくるお年頃ですから、息子の僕としては、ぜひとも続けてほしいと願っていた活動です。しかしそれらは当然のごとく中止となり、この原稿を執筆している時点でも再開されていません。もしかしたら永遠に再開されないかもしれません。

こうした活動で交換されるお金の額は微々たるものでしょう。

しかしその裏側では、生きるうえでとても大事な活動が展開されていたりするのです。そして母のコーラスや体操は氷山のほんの一角であり、日本全国で、いや、世界中で、想像を絶する数と量の「人間が生きるうえで大事な活動」が、ほとんど自動的に停止してしまったのだと思います。

その結果として、GDPが壊滅的なまでに減じることになってしまったのです。つまり本当の問題はGDPが激減したことではなく、人間の活動自体が停滞してしまったことなのです。

こうした現象を引き起こしている直接の原因は、よくよく考えると、実はウイルスではありません。

では何が原因なのかといえば、それは人間が抱いている「怖《おそ》れ」という感情です。

ウイルスが街やお店を閉鎖させるのではなく、ウイルスに対する怖れが街やお店を閉鎖させます。

ウイルスがコーラスの会を取りやめにするのではなく、ウイルスに対する怖れがコーラスの会を取りやめにさせます。

ウイルスが感染者をバッシングさせるのではなく、ウイルスに対する怖れが感染者をバッシングさせます。

ウイルスが人々に人々を差別させるのではなく、ウイルスに対する怖れが差別させます。ではなぜウイルスが怖いのかといえば、それはウイルスに感染すると、自分や自分の愛する人々が、死んでしまう可能性があるからでしょう。あるいは自分とは直接関係なくても、大勢の高齢者や病人が死んでしまう可能性があるからでしょう。

つまり私たち人間が全世界的に一斉に活動を停止してしまったのは、「死の恐怖」に怯《おび》えていたからだといえます。

そういう僕も、ニューヨークから3月下旬に日本へ帰ってきてから1ヵ月以上、高齢の両親に会うことは、頑なに拒んでいました。両親が死んでしまう恐怖に怯えていたのだと思います。

しかしその間、東京の滞在先から栃木県の実家に電話をするたびに、母からは「いつ顔を見せに来るのか」と催促をされました。そのつど僕は新型コロナウイルスの危険性について母に「解説」し、「あなたがたを守りたいがために今は会わないのだ」と伝えました。

ところが母は、そんな息子の気持ちなどどこ吹く風です。

「最近は孫にも会えなくて、本当につまらない」「せっかく日本に帰ってきているのに、なぜ栃木には帰らないのか」と苦情を言います。

その挙句、僕にこう言いました。

「こうして会わないでいる間に、私やお父さんが死んじゃったら、どうするの？」

このセリフには、心底ハッとさせられました。

たしかに母や父は、コロナにかからずとも、別の何らかの理由で明日突然死んでしまってもまったく不思議ではない年齢なのです。僕は、「父母を守りたいがために今日は会わないのだ」と言い続けていましたが、それは当然、「明日」があることが前提です。しかし実際には「明日」などないかもしれないのです。

僕はしばらく考え込んでしまいました。

そして緊急事態宣言が解除された後、ようやく、妻とともに実家に帰省することにしました。

幸い、マスク等の飛沫《ひまつ》防止対策や手指の消毒をしていれば、感染リスクは相当に低減されることもわかってきました。それでも不安や恐怖心がなかったといえば、嘘になります。いくら対策を講じていても、僕や妻が感染していて、父母にうつしてしまうリスクもゼロではないからです。

しかしおかげで僕は、つかの間ですが、父母を含めた家族ととても充実した、かけがえのない時間を過ごすことができたと思います。

同時に、それが「生きる」ということなのであり、死の恐怖に怯えてあらゆる活動を停止していた自分は「生きていなかった」のだと思い知らされました。

考えてみれば、明日死んでしまうかもしれないのは、親だけではありません。

僕だってこの原稿を書きながら心臓麻痺で死んでしまったり、執筆の合間の息抜きの散歩中に車に轢《ひ》かれて死んでしまうかもしれません。新型コロナウイルスに感染しないように、完全防備でステイホームしていても、蚊に刺されて日本脳炎に感染し、死んでしまうかもしれません。あるいは大地震と津波に襲われて、あっという間に街ごと流されてしまうかもしれません。

私たちはそう実感できないだけで、本当はコロナ以外にもさまざまなリスクに囲まれていて、常に死と隣り合わせで生きているのです。

いや、生きているというより、生かされているのです。

だからこそ私たちは、生かされている一瞬一瞬を、悔いのないよう、かけがえのないものとして、精一杯生きねばならないのではないでしょうか。

コロナを思い出させる街

僕と妻は今、瀬戸内海に面する岡山県の牛窓《うしまど》という港町に滞在しています。
牛窓は万葉集にもその名が登場するほど古い街です。かつては朝鮮通信使が寄港するほど栄えましたが、現在は人口の流出と過疎化が進んでいます。拙作『牡蠣《かき》工場』と『港町』の舞台でもあります。

ここに来てから1ヵ月以上になりますが、正直、コロナ禍のことを忘れていることが多いように思います。

お借りしている風通しのいい築150年の古民家の目前には青い海が広がり、魚が飛び跳ねたり、トンビがピーヒョロローと歌いながら青空を旋回したりしています。緑濃き裏山からは蟬《せみ》の恋歌の大合唱が聞こえます。

当たり前のことですが、海も、山も、太陽も、魚や蟬やトンビも、コロナなどどこ吹く風です。彼らは消毒をしたり、マスクをしたり、ソーシャルディスタンスを保ったりしないし、テレビで毎日の感染者数や感染経路をチェックしたりもしません。騒いでいるのは、人間様だけなのです。

緊急事態宣言下の東京に閉じ込められていたときには、この当然の事実に気づきませんんでした。

思えば東京の街は、電車も、オフィスも、スーパーも、映画館も、レストランも、公園ですら、そこにあるすべてのものが人間に利用されるために作られた人工物であり、したがってコロナの影響を受けぬものなどありません。つまり東京で目にするものすべてが、人間に24時間、コロナを思い出させるわけです。

そう考えると、人間（だけ）のために作られた大都市がコロナと共存できぬのも無理はないと思います。大都市では、コロナは高度にシステム化された人間の生活を攪乱《かくらん》する「エラー」として認識されます。そしてエラーを排除しなければ、都市を正常化することなどできないのです。

しかし本来コロナウイルスは、新型であろうと旧型であろうと、エラーなどではありません。それは自然界の一部であり、いわば海や山や太陽や魚と同じなのです。

なのに「エラー」としか認識できなくなるほどに、人間は人間中心の世界観にどっぷり浸かり、地球を自由自在にコントロールできる支配者になれたと思い込んでしまったのではないでしょうか。

そしてそれが恐ろしい思い上がりであることを、コロナウイルスは人類に教えてくれているのではないでしょうか。

いや、そんなことすら、人間である僕の身勝手な思い込みでしょう。

コロナウイルスは、別に人類に教訓を与えるために登場したわけでも、人類を衰退させるために生まれたわけでもないのです。

それはただ、空に浮かぶ雲のように、あるいは野原を駆け巡る風のように、自然界の法則にしたがって、今ここに現れただけなのだと思います。

台風とコロナ・パンデミックは同じか?

俞炳匡
Yoo Byung Kwang
医療経済学者・医師

いささか風変わりなタイトル故に、これまで本稿をご覧になることを、敬遠されていたかもしれません。とりあえず、本稿の最初のページを開いて頂きありがとうございました。

ここからみなさんに、今なお未知の部分が多いCOVID-19パンデミックに対応するため、「集団的な知」を最大限に活用する方法を紹介したいと思います。この方法を熟知している社会は、パンデミックを早期に終息させ、生き延びる確率が上がります。「集団的な知」と言われて、最初にイメージされるのは、医学やコンピュータ科学のような複数の自然科学分野の研究者が、共同でパンデミック対策を立てることでしょうか? もちろん、このような共同研究は必須ですが、それだけでは不十分なのです。筆者がこの原稿を執筆している２０２０年8月時点で、残念ながら、日本は、「集団的な知」を活用することに明らかに失敗していると、筆者は考えています。この失敗を修正できなければ、日本社会だけが、諸外国に比べ、パンデミックを終息できる時期が大幅に遅れるでしょう。台風は傍観していても時間が経過すれば、過ぎ去ってくれます。しかし、パンデミックはあなた自身が行動を変えない限り、いつまでも日本に居座っている可能性があります。

本論に入る前に、言葉の定義から。ＷＨＯ（世界保健機関）は２０２０年2月に、コロナウイルスの1種がもたらす病名を「ＣＯＶＩＤ－19」と名付けました。パンデミックは、全国規模や世界的な規模の感染症を指します。また、本稿で用いる英単語の「path」は多くの意味を持ちます。オンライン辞書の「英辞郎」では、小道、（台風の）進路、（人が取るべき）道筋等が挙げられています。感染症の学術論文で、「epidemic path」は「疫学的な進路・経路」を意味します。一例は、２次元のグラフで横軸が時間で、縦軸が一日当たりの感染者数です。このグラフは時間の経過に伴い左から右に進むため、path と呼ばれます。

1　台風とパンデミックの共通点と相違点

台風とパンデミックの最も顕著な相違点は前述しましたが、共通点が多い故に、台風とパンデミックへの対策・態度が同じでよいという誤解があります。この誤解を解くために、これらを詳細に比較してみましょう。

最初に挙げる共通点は、自然災害として始まり、始まるかなり前（例えば、ワクチン製造が間に合うかもしれない半年前）から正確な開始時期を予想することは、不可能であることです。別の共通点は、発生後は「ある程度まで」、台風もパンデミックも経路（上記の path ですね）と被害規模の予想が可能になります。台風の場合、日本を直撃する可能性のある場合、数日前から警報が出ますので、河川沿いに土嚢《どのう》を積み上げたり、安全な避難所に移動したりすることは、珍しくありません。

パンデミックの場合も、WHO等の公的機関による警戒が出された後に、自分の住む国、地域まで感染が拡大してくる「時期」や「感染症による影響」を予想することは、「ある程度まで」可能です。これらの予想を行う研究は、数理疫学研究と呼ばれ、感染症に関する医学・疫学と数学の知識を基礎にしています。筆者自身が、数理疫学研究に従事した経験から言うと、これらの予想は非常に難しい。この分野の学術論文を読めば、世界的に著名な研究グループが開発した数理モデルに基づく予想（例、今後1年間の累計感染者数）が、「ある程度」どころか、「かなり大幅」に現実から乖離《かいり》していることが、後に判明する場合が多々あります。

感染者数の予想が困難である主な理由は、予想に影響を与える要因が数多くあるためです。これらの要因には、ウイルスの特徴（例、感染後の死亡率）に関するものや、個々の人間の行動に関するものが含まれます。パンデミックの発生後、時間の経過と共に医学の知見が蓄積すれば、前者のウイルスの特徴に関する要因は、正確な情報が得られます。

一方、時間の経過にかかわらず不正確になりがちなのは、後者の個々の人間の行動に関する要因です。これらの行動の例には、他人と社会的距離（2メートル以上）を取る、頻回な手指消毒等があります。また、「ＣＯＶＩＤ－19の検査」や、２０２０年8月現在は存在しませんが、今後有効なワクチンが開発された場合の「ワクチン」については、「そもそも受けるか否か」と「受けるとすれば、どの時期に受けるのか」という2種類の行動があります。これらの行動は、個々人の判断次第で大きく変化します。

これらの個人の行動変化が、パンデミックのpath（例、日ごとの感染者数）に大きな影響を与えることは、皆さんもご存知の通りです。感染者数の予想を正確に行うためには、先《ま》ず、日本に住む1億２０００万人以上の住民の「行動を予想」する必要があります。このような個々人の行動の予想は、医学や数学のような自然科学の知見を集めるだけでは不可能です。「集団的な知」を構成する、人文社会科学の知見を集めることも必要であることを以下で説明します。

2 人文社会科学が対象にする「動機」と「人権」とは

防疫の観点から個人の「行動変容」、具体的には、予防的な行動を取る（例、不要不急の外出を控える、マスク着用、手指消毒等）ことが奨励されています。しかし、筆者の知る限り、日本における行動変容の「奨励」は、自然科学の情報の伝達のみに偏っている故に、極めて不十分です。

一例を挙げると、「オレ様は、健康かつ幸運な人間なので、COVID－19には絶対感染しない。よってオレ様は、好きなだけ外出するし、マスク着用はしない」と主張する人々がいます。このような人々は、自然科学の情報だけでは、説得されない人々です。同じ論理で、「オレ様は、健康かつ幸運な人間なので、暴飲を続けても絶対にアルコール依存症にならない」と主張する人々の行動を変えるために過去に蓄積された、（人文社会学の分野である）社会学・心理学の知見も動員すべきです。残念ながら、これらの知見が、日本のCOVID－19パンデミック対策では活かされていないようです。

人文社会学の分野は、個人の行動を促す「外的な動機」を研究対象にしています。予防的な行動の「動機」は、複数あると考えられます。一例は、自身が感染することで生じる「健康状態の悪化や所得の減少」を減らす「動機」が高くなれば、予防的な行動を取ります。別の例は、外出することで得られる「幸福度や所得の増大」を増やす「別の動機」が高くなれば、予防的な行動を減らす、すなわち外出を増やします。通常、一個人の頭の中で、これら2つの動機が、天秤《てんびん》にかけられます。上述の、「オレ様」の例は、「外出による幸福の増大」を目指す動機が極端に高く、「感染リスクの減少」を目指す動機が極端に低いケースとも言えます。

「オレ様」の例に当てはまる人は少数だとしても、上記の2つの動機を比較する「天秤の個人差が大きい」ことを別の例で説明します。仮に、あなたの居住地域のニュースが、「今週の感染者数は、先週に比べ20％減少した」ことを報じたとします。あなた自身は、このニュースを聞いて、先週まで控えていた外出を再開しますか？　仮にあなたが、「20％『しか』減少していない」ので、引き続き外出を控えるとします。一方、あなたの家族は、「20％『も』減少した」ので、一緒に外出しようと提案します。

２０２０年8月時点で、日本政府はこのような状況について、具体的なガイドラインを示していません。この場合、「正解」はありませんので、「20％減少」に対する解釈と、それに基づく外出が、個人の裁量に任されます。さらに言えば、外出をするか否かは、外出の内容（例、誕生日会）にも影響されるでしょう。

外出する人が増えれば、ウイルスの感染力が同じでも、地域全体の感染者数が上昇します。

ウイルスの感染力は自然科学である医学で測定できても、個々人が外出を決める「動機」の測定・予想を自然科学のみで行うことは困難です。予想が困難であるという理由で、「動機」を無視した数理モデルを使うと、非常に不正確な予想になる実例を以下で紹介します。

２００９年にＷＨＯがＨ１Ｎ１インフルエンザ・パンデミック発生の発表を行った後、筆者は米国のデータを用いて数理モデルを開発する研究に従事しました。[*1] この研究では、「個人の『動機』」を（a）考慮するモデルと、（b）考慮しないモデルのうち、どちらのモデルが、実際のパンデミックを正確に予想できるかについて、比較を行いました。比較の結果、前者の（a）動機を考慮するモデルの方が遥《はる》かに正確な予想ができました。

また、本研究は、過去２週間の感染者数の変化率が増加すると、その後予防行動を取る人が増加し、感染拡大にブレーキが掛かることを、現実の感染データを用いて実証的に証明しました。この研究結果は、逆に、過去２週間の感染者数の変化率が減少すると、その後予防行動を取る人も減少し、感染収束にブレーキが掛かり、新たな感染拡大に繋がる可能性があることも意味しています。

＊1　https://www.nber.org/papers/w15752

この感染者数の変化率で近似される「動機」を考慮しない（b）モデルは、実際の累計感染率より、遥かに過大な予想をしました。つまり、感染者数の増加に因る「自発的な動機」が、２００９年の感染抑制に大きく貢献したとも言えます。２００９年のH１N１インフルエンザ・パンデミックの際は、米国で都市閉鎖やワクチンが無くとも、「自発的な動機」が感染終息に貢献しました。したがって、２０２０年のCOVID-19パンデミック下の、都市封鎖等の政府による強制的な対応策の評価は、「自発的な動機による貢献」を差し引いた上で、行う必要があります。

前述の例では、「感染者数の変化率による自発的な行動変化」に家族内の2個人で相違があっても、「正解」はありませんでした。また、この問題について「正解」を定義することは、科学的にも容易ではありません。それでは、「科学的に正しい対策」なら、政府や雇用者が「必ず」強制できるか否かを、次の例で考えてみましょう。

社会生活の維持に不可欠な医療・介護・流通部門で働く人々は、エッセンシャルワーカーとも呼ばれます。諸外国で、「科学的に正しい防疫対策」として、これらのエッセンシャルワーカーに、定期的な感染検査を「義務」付けている前例があります。この対策を、日本でも導入する際に留意すべき点は、「地域全体の防疫のため」という大義名分の下で、社会・経済的「構造」上、地域で最も弱い人々に、過剰な負担を負わせたり、自己犠牲を強要したりしてはならないということです。

なぜなら、現在の日本では、エッセンシャルワーカーとして介護や流通部門において、最低賃金に近い条件で働く非正規労働者が多数存在します。これらの労働者の一部は、コロナ検査で陽性になると、職や住居まで失う可能性があります。彼らの検査を受ける動機が低いのは当然です。検査を強制する前に、本人にとっても社会にとっても望ましい動機を高めるため、社会・経済的「構造」を事前に改善する（例、検査結果が陽性でも、職や住居の完全な保証をする）必要があります。換言すれば、「構造上の改革」を行えば、強制しなくとも自主的に、検査の受診率は劇的に上昇するはずです。

パンデミック対策は、単なる医療（自然科学）の問題ではないので、前段落のように、社会的弱者こそ最優先して保護する「人権の視点」から検討する必要があります。パンデミックに限らず、医療全般を、人権の視点から検討することの重要さを、筆者はハーバード大学公衆衛生大学院で、（物好きと揶揄《やゆ》されながら選択科目として）受講した講義「医療と人権」で学びました。興味のある方は、この講義を担当したMann教授の論文をご覧ください*2。

２０２０年８月現在、日本政府のパンデミック対策は、国際的基準から大きく逸脱してい

*2 https://cdn1.sph.harvard.edu/wp-content/uploads/sites/2469/2014/03/4-Mann.pdf

る上に、諸外国からは厳しい批判を受けています。筆者の考えでは、日本政府のパンデミック対策が、ここまで逸脱した主要な理由の一つは、人文社会科学で重要な、動機・人権という視点が、日本では著しく弱いことです。別の大きな理由は、日本政府の「無謬《むびゅう》性（政府の政策判断に間違いは起こり得ない）」と「集団的な知の軽視」です。

3 「集団的な知」を最大限に活用するために

前述のように、筆者は、２００９年にＨ１Ｎ１インフルエンザ・パンデミック発生時、米国のパンデミックに関するデータを用いて数理疫学研究に従事し、直ちに研究結果を共有するために、研究論文を公開しました。このデータは、米国の政府機関であるＣＤＣ（疾病管理予防センター）が、誰でも直ちに無料で使えるような形式で公表しているものです。２０２０年のＣＯＶＩＤ－19の際も、ＣＤＣは直ちにデータを公表しました。

この結果、米国内のみならず世界中の優秀な研究者達が、ＣＤＣから研究資金を受け取らなくとも、数理疫学モデルを開発し、米国の感染対策に貢献できるよう、研究結果を公開しました。２０２０年5月時点のＣＤＣのウェブサイトを見れば、米国のパンデミック path の予想を掲載しています。この予想は、世界中から選んだ「16の研究機関」の予想を総合したものです。データさえ公開すれば、全世界の「集団的な知」を活用できることを、CDCを含む米国政府は熟知しているのです。未知のパンデミックの影響の予想も、16もの研究グループの予想があれば、「予想が当たる」確率が高くなるのは当然です。

日本にも同様のウェブサイトがありますが、パンデミックの影響の予想をしているのは、日本政府が指定した1研究グループだけです。さらに問題なのは、日本政府は所有しているデータを、世界の研究者のために公開していません。日本政府やその他の自治体が公表しているデータは、所有しているデータの「一部」のみで、しかもこの分野で研究歴のある筆者から見れば、「質があまりにお粗末で、研究に使えない断片的なデータ」のみです。その結果、米国のケースとは異なり、世界はもちろん、日本国内に存在する優秀な研究者ですら（日本政府から許可されない限り）、研究に必要なデータにアクセスすることすらできません。

日本政府がデータの完全な公開を拒否している限り、日本政府のパンデミック対策の評価は困難になります。評価が困難である以上、日本政府は自らの対応策の無謬性を主張できます。しかし、無謬性の検証を拒んでいる時点で、日本政府の主張は主観的なものに留まります。言い換えれば、現在の日本政府にとっては、データを公開することで「日本全体と世界から得られる集団的な知」を活用することよりも、「日本政府の無謬性の主張」を（客観性に欠けるものであれ）擁護することの方が、優先順位が高いわけです。この優先順位を変えない限り、ＣＯＶＩＤ－19パンデミックが日本以外の地域で終息しても、日本だけは終息しないという最悪のシナリオが起こる可能性は、低くありません。

繰り返しますが、台風と異なり、傍観者として「時間が解決してくれる」ことを待っていても、他人に指図されるまま河川沿いに土嚢を積み上げるような作業に没頭していても、パンデミックは終息しません。日本でパンデミックが終息しない限り、日本国内に安全な避難所はありません。諸外国が日本からの入国制限を続けていれば、あなたは、外国にも逃げられません。すでに「袋の中の鼠《ねずみ》」状態にあることに気付けば、窮鼠《きゅうそ》として猫を噛《か》むことが難しくても、手始めに袋を噛み破る程度の動機は生まれましたでしょうか？

本稿で詳解した通り、このパンデミック時代では、あなた個人の行動が、地域の感染pathを変え得るのです。あなた個人の行動で、台風のpathを変えることができないのとは対照的です。あなたの人生のpathを変えることに連動して、日本社会のpathも大きく変わるかもしれません。将来、あなたの人生のpathが、運悪く（ないし運良く）、筆者の人生のpathとどこかで交差する時があれば、あなたからのご批判を伺うことを楽しみにしております。

図太く、しぶとく、生きてゆけ

——誰も正解を知らない問題にどう答えを出すか

山崎雅弘
戦史・紛争史研究家

リーダーが常に賢くて正しいと思うな

この本は、これからの社会を担う、いまの中高生に向けて書かれています。それを念頭に置いて、私は皆さんに、学校ではまず教えてもらえないであろう、大事な話を手短に述べることにします。

新型コロナウイルスの感染拡大という、誰も予想しなかった出来事は、私たちが住む社会が「当たり前」だと信じていたことが、実はそうではなかったことを教えました。

飲食店で友だちとワイワイ騒いだり、スポーツをしたり試合を観に行ったり、お盆に帰省して久し振りにおじいちゃんやおばあちゃんに会ったり、いつでも好きな時にできると思っていたことが、いきなりできなくなってしまう。

そして、社会のリーダーとして、大事な物事を決定してきた総理大臣や一部の都道府県の知事が、感染症の拡大という非常事態にきちんと対応する能力を備えていないことも、その発言と行動によって明らかになりました。新聞やテレビが創り出す「立派なリーダーのイメージ」とは裏腹に、彼ら彼女らは「本当はどうしていいかわからないのに、それを知っているようなフリをする」能力に長けていただけでした。

学校の一斉休校という決定（２０２０年2月27日）も、アベノマスクと呼ばれる小さい布マスクの全戸配付の決定（4月1日）も、専門家の助言や科学的根拠に基づくものではありませんでした。東京都庁やレインボーブリッジを赤くライトアップした「東京アラート」も、うがい薬で「コロナに打ち勝てる」という少し考えれば誰でもおかしいと気づくような説明も、科学的根拠の裏付けがない「メディア向けのアピール」でした。

山登りをしている時、実は地図を読む力がないとみんなに知られているリーダーが「この道が正しい、俺はわかっている」と自信満々に言った時、あなたはどうしますか？

日本人はこういう時、まずみんなの顔色をうかがいます。そして、みんながそのリーダーに従うそぶりを見せれば、自分もまるで最初からそうするつもりだったかのような顔で、リーダーの言うことに従って付いていく。付和雷同、と呼ばれる態度です。

けれども、私たちの国はかつて、このやり方で大失敗したことがあります。

自信満々で「これが国民全員が進むべき、正しい道なのだ」と断言するリーダーたちの言うことに従って、ある方向にみんなで歩いた結果、大勢の人が戦争で死に、生き残った人も心や身体に傷を負い、家が焼かれて、日本は国としての主権（重要な問題を自分たちで決める権利）を7年間も失いました。

私たちは、そんな過去の失敗を参考にできるという恵まれた境遇にいます。それを「教材」として有効に活用しなければ、何度でも、同じ失敗を繰り返すことになります。

「知識ベースの勉強」と「知性ベースの学び」

感染症の拡大という非常事態において、明らかになったことは他にもあります。

それは「誰も正解を知らない問題で、どんな風にして答えを探すか」ということの重要性です。

学校のテストと違い、予期せぬ非常事態には、あらかじめ用意された「正解」はありません。みんなで意見を交換しながら、いちばんましな答えを探していきます。

学校の先生は、すでに正解がある問題については効率よく教えてくれますが、答えのない問題、まだ誰も答えを知らない問題への「対処の仕方」や「対処するために必要な能力の高め方」を教えてくれる先生は、あまりいないと思います。

それどころか、自分が「答えを知らない」という事実を生徒の前で正直に認める先生に巡り会えれば、かなり幸運だと言えるでしょう。自分が生徒になめられることを恐れて、「本当はどうしていいかわからないのに、それを知っているようなフリをする」という態度をとる先生が多いのが現実です。

しかし、まだ答えがない問題への対処については、先生と生徒の立場は対等です。生徒の方が、先生よりも先に、現時点でいちばん良い答えを見つけられる可能性があります。そのためには、「誰も正解を知らない問題で、どんな風にして答えを探すか」という能力を、自分で高めておかなくてはなりません。

そんな、学校では教えてくれない「能力」を、どうやって高めるか。

ここでは、私の経験に基づいて、いくつかヒントを提示します。

まず、世の中を飛び交う情報の中から、有用な情報を選別する「目」を持つこと。

ネット上を眺めると、ある問題について、一見すると専門的に見える、ディテール（細部）の情報をすぐに見つけることができます。しかし、ここで注意しなくてはならないのは「細かい情報ほど正しい」というわけではない、という事実です。

細々とした情報がたくさん並んでいれば、それをそのまま鵜呑《うの》みにして信じそうになりますが、そこでいったん立ち止まって「どこからどこに向けて発せられた情報なのか」や「事実の裏付けはバランスよくなされているか（特定の結論に誘導するために都合のいい事実だけを根拠にしていないか）」、「全体の一部分だけを切り取った情報ではないか」などの「信憑性《しんぴょうせい》（どの程度信用できるか）」を、確認する必要があります。

それは、食べ物を口に入れる前に「どこで作られた食品か」や「どんな原料が含まれているか」、「腐ったり有害物質が混じったりしていないか」を確認するのと同じです。

また、日本国内だけに目を向けるのでなく、よその国がその問題にどう対処しているのかという点にも、視線を向けることが有用です。

新型コロナウイルスへの対応では、韓国や台湾、中国などで「安全に素早く行える新しい検査方法」や「マスク不足にならないようにする販売システム」、「無人で消毒や料理の提供を行える機械」などが次々と発案・発明されました。そんな光景を見て、日本人が韓国や台湾、中国の人々から学ぶべきことは、上の偉い人の許可を待ってから何かを作るのでなく、まず自分が「よいアイデアだ」と思うことを具体的な形にする姿勢です。

それが「正解」かどうかは、作って具体的な形にしてから、評価を待つのです。

あらかじめ用意された「正解」を、たくさん覚えることが「優秀」だというのは、いわば

「知識ベースの勉強」です。しかし非常事態に対処するには、そんな勉強だけでは限界があります。そこで力を発揮するのが、物事をいろいろな角度から観察し、今までに知った事実と組み合わせて、全体の構造を考えるという「知性ベースの学び」です。

非常事態に「いちばんましな答え」を探し出し、それを実現するために、今までなかったものを発案・発明する。そのためには、「知識」だけでなく「知性」を高め、上の偉い人に怒られることを恐れずに、人が本来持つ想像力を羽ばたかせる必要があります。

「自由」という道具を使いこなす能力をみがく

そしてもう一つ、大切なことは、長い時間軸で物事を考える習慣をつけることです。

最近の日本では「無駄を省く」や「合理化」など、無駄に思える部分を切り捨てるのが「正しい態度」であるかのような思い込みが、いろんな分野で常識になっています。

けれども、一見すると賢いように見える、そんな単純な考え方は、非常事態にはまったく逆効果になってしまう場合があると、今ではあちこちで判明しています。

例えば、都道府県と市町村で、同じような仕事をする保健所や医療機関がだぶっているのは「無駄だ」と決めつけて、統合や廃止を進めてきた地域では、感染の拡大という予想外の展開に対処できず、医療体制が危機的な状況に陥っています。

この事例が教えるのは、浅い考えで「無駄だ」と見なされてきた部分が、実は「予想外のこと」が起きたときに対処できる「余白」や「伸びしろ」だったという事実です。

物事を、昨日、今日、明日、という短い時間軸で考えてしまうと、今すぐに役に立たないものは「無駄だから捨てよう」という早まった結論になりがちです。けれども、3ヵ月後、1年後、5年後、10年後という長い時間軸で考えてみれば、今すぐに役に立たないものでも、いざという時に何かの役に立つかもしれない、という事実に目が向きます。

会社の経営者などが口にする「選択と集中」という言葉も、短い時間軸で物事を考えるパターンのひとつです。

いま好成績を上げている分野に、人やお金を集中して注ぎ込む、という考え方は、短期的な業績の向上には結びつくでしょう。けれども、長い時間軸で見れば、集中されずに捨てられた分野の重要度が急に上がったりすると、社会の変化や予期せぬ非常事態に対応できず、結果としてマイナスの効果をもたらす可能性もあります。

情報の真贋《しんがん》（本当とうそ）や信憑性を自分で判断・選別する「目」を持ち、あらかじめ用意された「正解」の知識に頼りすぎず、長い時間軸で物事を考える習慣が身に付くと、日々の生活においても、少しずつ「精神の自由」を獲得できるはずです。

自由というのは、上の偉い人が、いくつかの条件の範囲内で、下の者に与えてくれるものだ、という風に理解している人がいるかもしれませんが、そうではありません。

人間は本来、自由に考え、自由に行動する権利を持っています。社会のルールは、各人の自由と自由が衝突した時に、弱い方の人が痛みを感じたり、我慢を強いられたりしないように作られたものですが、先にあるのは自由であって、ルールではありません。

ただし、自由の度合いが大きければ大きいほど、すべての人にとって良いかと言えば、それもまた正しくありません。一人一人にとっての最適な「自由の大きさ」は、その人が持っている「自由を使いこなす能力」に対応しています。

旅慣れた人なら、旅行先で「一日、自由に過ごして下さい」と言われたら、自分で情報を集めて計画を立て、満足できる時間を過ごせるでしょう。けれども、あまり旅慣れていない人なら、自分で内容を自由に決めるという意味での「自由度」が少なくてもいいから、失敗しない計画を誰かに決めてもらえたら、と思うでしょう。

おそろしいのは、自分の能力以上の自由を与えられた時、人はそのストレスに疲れて、自由を手放してもいいから、上の偉い人に物事を決めてほしい、と投げ出してしまいたくなることです。そうならないために、自由という道具を使いこなす能力を、自分で少しずつみがいていかなくてはなりません。

いつも心に「反抗」を

では、自由という道具を使いこなす能力を、自分で高めていくには、どうすればいいのでしょうか。

その答えを知るには、自由の「反対語」は何だろう、と考えてみることが必要です。国語的には「不自由」というのが正解になるのでしょうが、概念、つまり考え方の意味から考えると、例えば「服従」や「隷属《れいぞく》」などの言葉が思い浮かびます。

上の偉い人に服従すれば、自由がない反面、自分で物事を決めたり責任を取ったりしなくて済む、という「楽な面」もあります。そのため、ボクは自由がなくてもいいや、上の偉い人に服従して、強い集団の一員になるよ、という道を選ぶ人もいるでしょう。

けれども、今回の非常事態が教えているのは、もし集団の全員が従うリーダーが、的確な判断を下す能力のない「無能」なら、集団全体はどうなるのか、ということです。

それを考えれば、集団が非常事態を生き延びるために最良の形態は、一人一人が独立した個人として自由に物事を考え、それぞれの持つ能力を活かしてアイデアを出し合い、みんなで対等に「いちばんましな答え」を探し出すことだろうと思います。

実際の生活では、学校や社会のいろいろな集団の中で、服従という態度をとらざるを得ない場合は多いでしょう。それによって保たれる、秩序や安定も大事です。しかし、子どもの頃からずっと、親や教師などの「上の偉い人」に服従した経験しかなければ、大人になってからも「誰かに服従することしかできない人間」になってしまいます。

そうならないためには何が必要か。上の偉い人に服従するたびに、心の中でそれに「反抗」する気持ちを持っておくことです。偉いとされる上の人に従順に服従するのでなく、心の中で反抗しながら「今回は服従してやる」という意識を持つことです。

こういう考え方を習慣にできると、上の偉い人の横暴な態度がエスカレートした時に、「今までは服従してやったけど、これ以上は従えない、もう限界だ」と自分の頭で判断して、心の中でなく実際の言葉と行動で、上の偉い人に反抗できます。

世界の歴史は、こうした反抗の積み重ねで進歩してきました。一人一人は弱い力しか持たなくても、反抗という考え方が心の中にあれば、それをみんなでつなぎ合わせて大きな力に変え、王様などの「支配者」による理不尽な横暴を打ち砕くことができます。かつては地球上のあちこちで制度化されていた「奴隷」が、今では姿を消し、国際社会の常識は、一人一人が持つ人間としてのいろいろな権利＝人権を大切にする方向へと変わってきました。

もちろん、中には「この人なら服従してもかまわない」と思える、頼りになるリーダーも存在します。信頼できるリーダーの条件とは、例えば「他人に責任を押し付けない」とか

「うそをつかない」、あるいは「自分だけ良い境遇になろうとしない」などが考えられますが、どんなリーダーなら自分が「服従してやってもいい」と思えるか、皆さんもそれぞれの基準を考えてみてください。

最後に、尾崎行雄《おざきゆきお》という政治家の言葉をご紹介して、私の原稿の締めくくりとします。彼の名前を初めて知る人も多いかもしれませんが、日本が自由のない封建的な古い社会から近代的な自由と民主主義の国へと進む上で、大きな功績があった人物です。

その尾崎行雄は、こんな言葉を遺しています。

「人生の過去は予備であり、本舞台は未来にあり」

これから先、日本と世界がどんな状況になっていくのか、正確なことは誰にも予測できません。けれども、自分の中でいろいろな能力を高め、知識だけでなく知性を高め、自由を使いこなす能力を高めていくことで、何があろうと乗り越えることのできる「図太さ」と「しぶとさ」を身に付けられるのでは、と思います。

皆さんのこれからの人生が、おもしろいものになるよう、祈っています。

4.

Letters from over 60

60代からのメッセージ

医療が無料であること

三砂ちづる
疫学者

病院が本来果たす役割

医療が無料であること。これは人類の到達した一つの見識だ、と思っているのです。もっとわかりやすく言えば、病院に行っても医者にかかっても、お金を払う必要がなくて、すべて無料、というシステムは、人間がつくったシステムのなかでも、もっともすぐれたものの一つなのではないか、と思っている、ということです。

そんな国があるんでしょうか、と思うかもしれません。日本では医療は無料ではありませんからね。皆さん、具合が悪くなった時、お医者さんに診てもらいたい時は、どうしますか。病院に行くから、と、保険証をおかあさんやご家族に出してもらって、その保険証とお金を持って病院に行くのだと思います。最近は、個人名のカードサイズ保険証が発行されていることも多いので、自分で保険証を保管しておられるかもしれません。ともあれ、病院に行き、保険証を見せて、受付をしてもらって、お医者さんに診てもらって、会計のところでお金を払う。

日本の医療のシステムは「保険制度」です。「国民皆保険制度」と言って、日本に住まう人たちはすべて、何らかの公的医療保険に加入するようにして、お互いの医療費をささえあう仕組みになっています。病院の窓口では、かかった医療費の3割を皆さんがお金で支払うようになっていて、残りの7割は、皆さんの場合は、働いている保護者とその事業主が収める健康保険料から支払われているのです。どんな小さなクリニックに行こうと、大きな病院に行こうと、皆さんは保険証一枚見せれば3割負担で医療を受けることができる。実はこの日本の「国民皆保険制度」には50年以上の歴史があって、世界の中で見れば、そこそこ、うまく機能している保健医療の制度である、と結構高く評価されてもいるのです。

ともあれ、あなたは病院に行ったら、そういうふうに、「保険制度」の一環として3割負担のお金を払うことになっています。別の言い方をすれば、これは、病院の受付が「今ここにきた、この人は、ちゃんと日本の国民皆保険制度に加入しているのかどうか」というチェックをしている、ということです。そこで、保険証を持っていない、となりますと、3

割負担ではなく、医療費すべてを払わなければならない、ということになるのです。国民皆保険、といえど、保険料が払えなくて、医療保険から外れてしまう人もいますし、外国人で医療保険に加入していなかったりする人もいるので、病院の受付、というのは、「どこが悪くて今日なぜここに来たのですか」と聞くだけのところではなくて、「ちゃんとこの人は、保険に入っているのか」とチェックするところ、となっています。

でも、これでいいのでしょうか。病院はもちろん、もともとは、外国人の入国管理をしているところでもなければ、保険に入っていない人のチェック機関、というわけでもありませんよね。具合の悪い人に、医療を提供するところが病院のはずです。でも、「医療が有料である」ということは、病院の受付に、「この人は、保険に入っているのか、お金を持っているのか、この国に合法的にいる人なのか」、結果として、そういうチェック機能を担わせる、ということと、同義なんですね。

ある国に「外国人」として住む、ということは、「勝手に働いてはいけない」ということなんです。働いて給料をもらうことができるのは、その国の人と、その国で「労働してもいいよ」という、労働許可をもらった外国人だけです。そうは言っても、先進国、と呼ばれている国に行けば、お金が儲かる仕事は、常に、そこそこありますから、許可を得ずに働いている人も、いつも一定数います。もちろんそういうことをやると「不法労働者」ということになりますから、摘発の対象です。でも、世界中でそういう人は、いなくならない。この辺りのことは、学ぶに値することですから、ちょっと調べてみられるといいと思います。

不法労働者とはいえ、時折、具合が悪くなることだって、もちろんありますよね。むしろ、立場の弱い労働者なので、劣悪な労働条件で働かされることが大いに考えられますから、怪我をしたり体調が悪くなったりすることもあるでしょう。そういう時も、病院に行くことはできません。病院の受付で出すべき「保険証」が、当然、ないからです。

「不法に入国して不法に働いているんだから、そんな目にあって当然だ」と、あなたは思いますか。きっと思わないのではないかな。具合が悪い人、体調を崩した人、苦しい思いをしている人をほおっておくことは、やっぱりできない、したくない、ですよね。すべての人が、どこにいても、体調が悪い時は、必要な医療を受けられるように。人間である限り、そうであってほしい。それは人間としてこの世界に生きていくための、大きな願いの一つではないでしょうか。

医療が無料の国

医療が無料の国では、病院の受付で「保険証」を見せる必要がありません。具合が悪かったら、自分が身一つで、かけこめばいいだけです。保険証やらお金やらを持っていく必要がありません。病院は、そこに具合の悪い人が来たら、その人を助ける、という病院本来の役割のみを果たせばよいことになります。そういう国では、病院は、「不法滞在者」とか「医療保険に入ってない人」とか、「全然お金を持っていそうにない人」とかの、ふるい分けの役割を果たす必要がない。

ああ、そういうことなんだな、というのが、しみじみとわかったのは、もう30年くらい前に、イギリスに初めて住んだ時のことでした。もともと大英帝国であったイギリスが富を蓄積し、世界に冠たる「ゆりかごから墓場まで」と言われる福祉システムを作り上げたことは、当時、よく知られていました。NHS（National Health Service：国民保健サービス）と呼ばれる公的医療制度が機能しており、患者の支払い能力にかかわらず、すべての医療はその臨床的な必要性に応じて無料なのです。イギリスでは医療を受けたい人は、まず、GP（General Practitioner：家庭医、一般医、と訳しましょうか。今は総合診療医、と訳したい、と思われてもいるようです）という、住んでいるところの近所の家庭医のクリニックに行きます。そこで診療してもらい、必要があれば大きな専門病院に紹介してもらって、行くことになるのです。

初めてロンドンのGPを訪ねた時のことをよく覚えています。その時、GPのクリニックの受付で聞かれたのは、「名前」と、「住所」だけでした。何の書類を見せろ、とも言われませんでしたし、どこから来たのかとか、外国人なのか、とかそういうことも聞かれませんでした。名前と住所（それも、証明書を出すわけでもなく、何か、それらしい住所を書けばよいだけです）さえ書けばよかった。今は変わっているかもしれませんが、その時は、そうだった。医療が無料、って、こういうことなんだ、と思いましたね。医療が無料、ということは、クリニックは、その人が支払い能力があるかどうか、その人が法的にその国、その場、にいることが許されているかどうか、そういう経済的なこととか法的なこととか、全く関係なく、今、医療を必要としている人に医療を提供できる、ということなのです。

カリブ海にあるキューバという国を知っていますか。ここも医療が無料です。イギリスのGPと同じような、家庭医の制度が機能している国として、世界的に有名です。また、質の高い家庭医を医師の足りない国に派遣していることでよく知られている国でもあります。私自身、アフリカやラテンアメリカのあちこちで、キューバ人医師に会うことがありました。彼らは、腕のいい医者であるだけでなく、多くの国の医師たちがまとっている「権威的」な態度（簡単にいえば、〝偉そう〟な態度のこと）を微塵《みじん》も感じさせることなく、どこに行っても地域の人と親しく交わり、機嫌よく、いい仕事をしていました。気さくで、明るく、機嫌もよくて、仕事ができる。どうやったらこんな医師たちが育つのかな、と、長年関心を持っており、その興味は、結果として、キューバにも行き、たくさん友達を持つことにも、繋がりました。

ハバナ大学につとめる家庭医の先生もそんな友人の一人なのですが、彼女いわく、「家庭医はね、病気を診ているのではないんです。家族を診ている。キューバは、すべての医者はまず家庭医として教育されてきました。地域に出て、そこにいる人たちを理解し、家族を理解する。病気というのも、そのような関係性の中でとらえています。もちろん、専門医が必要とされる病気もありますが、9割の健康問題は、家庭医が解決できるんですよ」。キューバは経済状況は実に厳しい中でも、家庭医の制度を基礎として医療が無料、という状況を続けています。それはそこに住まう人にとっては、何よりの安心だ、と思います。私自身、キューバにいた時、その次にすぐ、コンゴ民主主義共和国（DRC）というアフリカの国に出かけなければならないので、いろいろ予防接種を打っておく必要がありましたから、予防接種の一つはキューバで打ってもらいましたが、予防接種などもすべて無料で申し訳ない気持ちになったくらいです。日本で、海外に行くための予防接種を打とうとすると、とても高価なのに……。とにかくキューバも、そこに「具合が悪い人、医療を必要とする人」がいれば、無条件に対応できる制度となっています。アメリカ人のマイケル・ムーア監督が撮った「シッコ（原題：SiCKO）」という2007年に公開された映画にも、お金がないと十分に治療を受けることのできないアメリカの医療状況と、キューバの状況が対比されて描かれていますので、ご覧になってみるといいと思います。

なぜ医療費を無料にできないのか？

こんな素晴らしいことなら「医療が無料」、は、世界中に広まってもいいですよね。実は、第二次世界大戦後から1970年代くらいまでには、かなり広まっていたのです。「医療が無料」は、冷戦時代に東側、と呼ばれていた国を始め、（〝東側〟、とか、〝冷戦〟、とか意味がわからない人は、第二次世界大戦後の歴史を学んでください）かなり多くの、当時、開発途上国と呼ばれた国々も採用していました。ところが、1980年代初頭に累積債務に苦しむ多くの途上国に向けて、構造調整プログラムという名の嵐が吹き荒れ、医療だけではなく、さまざまな公共部門は規模縮小と経営効率化、という名目のもとに有料化、民営化されていくことになります。「医療が無料」ではなく、ユーザーチャージ、という名の有料システムに移行したところが多くなりましたから、2020年現在、「医療が無料」を掲げている国は、少数派となっています。

いまだに「医療が無料」とはいえ、イギリスもNHSだけじゃ足りなくて、プライベートの保険に入っている人もたくさんいると聞いたぞ、とか、キューバは独裁政権じゃないか、とか、言いたいことはいろいろおありでしょう。はい、いろいろな批判もあるのです、実際。それに、「医療が無料」より、日本の「国民皆保険制度」の方が、もっといい、救急体制に関しては、日本の方がすぐれている、財源を考えれば日本のシステムの方がサステイナビリティ（維持継続する能力のこと）があるぞ、っておっしゃる方も少なくない。それでもなお、「医療が無料」にこだわってしまうのは、冒頭で申し上げたように、それが「人類の到達した一つの見識」と思うからです。

私たちは資本主義の世界に生きています。「市場」、つまりはすべてがマーケットで値段が決まっていくし、経済が成長することで世界が回っている。しかしそういう「お金の計算」にそぐわない分野、というのは、常に、あるのではないでしょうか。医療や教育は本来そういう分野であったはずです。お金があるから受けられる、お金がないから受けられない、人間社会が未熟である頃には、そういうこともあったかもしれませんが、ここまで人間社会が成熟をみている時、なぜ、これらを無料にできないのでしょうか。これは根源的な問いです。

医療費の問題、医療システムの問題に限らず、医療を「公的なもの」ととらえ、集団の健康を考えていく分野を「公衆衛生」、英語で Public Health と言います。大学ではなく、大学卒業後、大学院で学ぶ分野です。理系、文系など学部の専門にかかわらず、多くの学部卒業生に開かれています。２０２０年現在、新型コロナパンデミックの中、公衆衛生の専門家は、世界中で活躍していますから、その仕事にもぜひ興味を持っていただきたいものです。

人生100年時代、ポストコロナはダブルメジャーで

仲野徹
病理学

なぜ新興感染症が現れるか

さて、何を書いたらいいのでしょう。内田樹先生からいただいたお題は「ポストコロナ」です。新型コロナウイルス――正式名称はSARS－CoV－2――がもたらしたパンデミックの後、世の中は変わらざるを得ないでしょう。それは間違いないけれど、あまりに漠然としていて、どのような角度から何について書けばいいのかがよくわかりません。そのうえ、中学生にもわかるように書けという難題です。

いきなり悩んでいて自己紹介が遅れました。大阪大学医学部で病理学――病気の成り立ち――を教えている仲野です。その立場からいくと、やはり医学的な面を中心に書いたほうが

よさそうです。他のことはあまり知らないので、それしかないという言い方もできますが……。とりあえずのキーワードとしては、感染症と疫学といったところでしょうか。そのあたりから、ポストコロナに向けて、医療はどう備えていったらよさそうかについて考えていきます。せっかくなので、これを読んだ若い人たちが、将来どう生きていくかの参考になればという思いを込めながら書きますので、ちょっとだけ期待してください。

今回の新型コロナウイルスのように、それまで知られていなかった病原体――病気を引き起こす細菌やウイルス――による感染症を新興感染症といいます。そのような新興感染症が出てくる原因はズバリ文明化です。

文明化が進むと、人が集中して都市が拡大していきます。そうなると、森や林など人が住んでいなかった場所が拓《ひら》かれていき、それまであまり接触がなかった動物から、新たな病原体が人に感染するような場合が出てきます。有名なのはエイズ（後天性ヒト免疫不全症候群）の原因となるＨＩＶ（ヒト免疫不全ウイルス）です。最初にエイズの症例が報告されたのは1981年ですが、ウイルスの遺伝子解析から、それよりずっと昔、1920年頃に、チンパンジーからヒトへ最初に感染したと考えられています。

もうひとつの重要な要因は、文明化に伴った交通の発達です。昔なら、ある地方だけで収まっていたはずの感染症が、簡単に他の地域へ、それもうんと遠いところまでも、短時間で簡単に広まってしまうからです。

文明化に伴う都市の拡大と交通の発達、いずれも止めるのは困難です。なので、これからも、新興感染症は間違いなく出現します。ただし、いつ、どこで、どれくらい恐ろしい病原体が、どのように、となると、まったく予測がつきません。

手をこまねいているしかないのか、というと、決してそのようなことはありません。というのは、パンデミックを引き起こしやすいウイルスはある程度限られているからです。どういったウイルスかというと、遺伝子に変異が生じやすくて新たな性質を獲得しやすいウイルスです。そうなると、本命はインフルエンザウイルス、そして対抗がコロナウイルス。以下、その他いろいろ、ということになります。

予測不可能なのですから、新興感染症を引き起こすウイルスそのものを前もって研究しておくことなどできはしません。しかし、これは何も準備できないという意味ではありません。なぜなら、新興感染症といっても、まったく新しいウイルスが生まれ出てくるのではないからです。たとえば、今回の新型コロナウイルスは、コウモリに感染するコロナウイルスや、20年ほど前に中国や台湾で感染爆発をおこしたSARS《サーズ》（重症急性呼吸器症候群）のウイルスに似ています。また、パンデミックを引き起こす可能性が高いとされている新型インフルエンザのウイルスも、いままで知られているインフルエンザウイルスが、おそらく豚の体内で変化してできてくるものです。なので、既知のウイルスの研究を進めておけば、ある程度は対処が可能です。

　大きな問題は、はたしてどれくらい本気で研究しなければならないか、です。インフルエンザの研究はかなり盛んにおこなわれていますが、それに比べるとコロナウイルスの研究者はうんと少なかったのです。コロナウイルスは１９６４年に発見されましたが、所詮は風邪引きのウイルス、というふうに認識されてきました。重症化しないし、ほうっておいても４〜５日で治るような病気である風邪引きの研究に人気がないのは、当然といえば当然です。

　しかし、全人類が新型コロナウイルスに悩まされたこれからは違います。といっても、どれくらいの人員と予算をかけて研究するのが適切かはわかりません。なんといっても、いつか新しい型のコロナウイルスの感染症がやってくるかもしれない、というだけの理由なのです。もしかしたら、いつまでもやってこなくて、まったく無駄になるかもしれません。う〜ん、難しいですよね。前もっては誰にもわからないのですから、どの程度の備えが適正かはある意味、判断のしようがないのです。

ダブルメジャーのお医者さん

感染症は、あまり人気のある専門分野とはいえません。平成28年の厚労省の資料だと、内科医6万人あまりのうち、消化器内科が1万4000名、循環器内科が1万2500名ほどなのに対して、感染症を専門とするのはわずか500名たらずです。ちなみに、小児科医は1万7000名ほどです。

もちろん、感染症の専門家500人だけで感染症の患者すべてを診るわけではありません。たとえば、およそ6000名いる呼吸器内科の先生は呼吸器感染症の診察もしますから。それでも、感染症の専門家が少なすぎることは間違いないでしょう。

新型コロナウイルスでは院内感染が問題になりましたが、病院内、特に感染症専用病棟でのクラスター感染など、本来、おきてはならないことです。完全にゼロにするのは難しいでしょうけれど、それをできるだけおこさないようにするのがプロの仕事です。なのにそういった問題がおきてしまったのは、感染症を専門にする医師が少ないことも理由のひとつではないかと想像しています。

ただ、感染症の専門家をやみくもに増やせばいいかといわれると、それも難しいように思います。パンデミックがおきた時には大人数の専門家が必要ですけれど、普段はそれほどいる訳ではないからです。さてどうするか。

おそらく、感染症「も」きちんと診ることができる医師を数多く育成しておくことがベストの対策です。ひとつめの専門ではなくて、ふたつめの専門として感染症をよく理解している医師の育成という意味です。

普段は、感染症以外を専門にして、呼吸器とか消化器、小児科とかの患者さんを診療している。けれども、いざ新型コロナとか、いざ新型インフルとかいう時には、マスクにフェイスシールド、手袋と防護服に身を固め、颯爽《さっそう》と感染症病棟へと出動して大活躍できるような医師です。

そのためには、感染症診療のトレーニングを定期的に欠かさずおこなってもらわなければなりません。これは、個人の能力を高めるという意味合いよりも、社会的な必要性からやってもらうものです。ですから、国や地方自治体が、そのようなトレーニングのための費用を負担する、さらには、そういった医師に対して奨励金を出す、というような積極的な支援が必要です。

専攻や専門にすることを英語では「メジャー」といいます。なので、このように、ふたつの専門を持つことをダブルメジャーと呼びます。日本の大学ではあまり一般的ではありませんが、アメリカなどでは、複数の専門領域を学ぶのは普通のことです。新型コロナウイルスが契機になって、ダブルメジャーが脚光を浴びたらいいなあと思っています。

公衆衛生と疫学

感染症の制御は、個人レベルと集団レベルで分けて考える必要があります。個人レベルとしては手洗いやマスクといった予防と治療薬です。そして、ワクチンは、個人レベルと集団レベルの両方を目的とするものです。

ワクチンはもちろん個人の感染を抑えるのですが、特定の病原体に対して、ある程度以上の割合の人が免疫能を持つようになると、爆発的な感染はおこらなくなります。その感染症にかかることのできる人が少なくなるのですから、当然です。病気によりますが、おおよそ60～70％の人が免疫能を持つと、その集団は守られると考えられています。このように、ワクチンは個人防衛だけでなく、集団防衛の意味合いもあるわけです。

個人ではなくて、集団における病気についての学問が「疫学」です。広辞苑を引いてみると「疾病・事故・健康状態について、地域・職域などの多数集団を対象とし、その原因や発生条件を統計的に明らかにする学問。疫病の流行様態を研究する学問として発足」と書いてあります。疫病とは伝染病のことですから、もともとは感染症――具体的には19世紀中頃にあったロンドンでのコレラ大流行——の研究から始まった学問です。

それはジョン・スノウという一人の医師の大活躍でした。当時、コレラの原因はわかっておらず、瘴気《しょうき》（悪い空気）によるという考えが一般的でした。そんな中、スノウは、どの地域でコレラの患者が出たかの「感染地図」を作ります。その地図をにらんで、瘴気などではなく、ある井戸を使っていることがコレラ感染の原因であることを突き止めます。そして、その井戸の使用をやめたら、コレラ患者の発生が激減しました。これが疫学の始まりです。

もうひとつ、「公衆衛生」という分野があります。個人ではなくて集団の健康を向上させるためのさまざまな活動をおこなう分野のことで、疫学はそのために重要な方法のひとつです。残念ながら、日本では、疫学や公衆衛生学があまり盛んではありません。アメリカなどでは、公衆衛生の大学院がたくさんあるのに対して、日本では数えるほどしかないのです。当然、専門とする人が少ない。なので、どうしても守備範囲が広がらないし、レベルを高くするのも難しい、ということになります。

今回の新型コロナウイルス禍を契機に、公衆衛生や疫学の重要性が認識され、より多くの人材育成がなされることを望みたいところです。感染症以外の病気でも、集団の健康を向上させるような活動はたくさんあるのですから、公衆衛生は新興感染症とは切り離しても重要な分野です。みんなも、こういう分野があるということを知っておいてください。

敵を知り己を知れば百戦危うからず

大阪大学医学部で同級生だった関西大学の高鳥毛《たかとりげ》敏雄教授が、「新型コロナ、日本独自戦略の背景に結核との闘い　対策の要『保健所』の歴史から見えるもの」[*1]というタイトルの文章で、面白い指摘をしています。日本で新型コロナウイルスの感染をかなりうまく押さえ込めたのは、保健所と保健師のおかげではないかというのです。

結核という病気の名前を聞いたことあるでしょうか。結核菌という細菌による呼吸器感染症で、かつて日本では「国民病」として恐れられました。１９０９年から５０年の40年間、毎年10万人以上が結核で亡くなっていたというのですから、新型コロナウイルスなどまったく比較にならないすごい数です。

十分であったかどうかを問う声もありますが、新型コロナウイルスの検査で最前線の窓口になったのは保健所でした。保健所は、国民の健康相談の機関として１９３７年に設置されたものです。それと同時に保健婦（現在の保健師）の制度も公的に認められています。結核に

*1 https://news.yahoo.co.jp/articles/1d3b50d31134ff5f3e6c2a3c3f0e328a9140fc54（２０２０年９月11日閲覧）

対する最初の特効薬ストレプトマイシンが発見されたのが1943年、日本での量産体制が整ったのが1950年代ですから、まともな治療法などまったくない時代でした。

　高鳥毛先生によると、結核対策に取り組んだ歴史を持つ保健所と保健婦という日本独自のシステムが、今回の新型コロナウイルス感染で功を奏したのではないかということです。確かに、もし保健所がなかったら、どこが窓口になっていたのでしょう。それに、原因はわかっているけれど、治療法がない。昔の結核と今の新型コロナウイルスの状況は似ていますから、なんとなく納得させられます。

　しかし、その保健所も、効率が悪すぎる、無駄ではないか、という理由から、行政改革の対象となってどんどん減らされ、以前に比べると、いまではほぼ半減しています。削減しておいて完全に役割をこなせというのは、ちょっと無理な相談ではないかという気がしますが、それでも、新型コロナウイルスのようないざという時には、その機能を十分に発揮することが要求されます。では、どうすればいいのでしょう。

　ここでも、感染症専門の医師についてと同様、平常時とパンデミックの時に必要な人員の数というのは相当に違ってきます。普段から、パンデミックの時に十分な人員を保健所に配置しておく、というのは難しいでしょう。というよりも、無駄と言わざるを得ません。もし配置されたら、普段はきっと用事がなくて暇でたまらないはずです。

感染症を専門とする医師の育成のところで書いたのと同じく、ここでもダブルメジャーはどうでしょう。ふたつめの専門としての保健所業務というのは可能ですし、それほど難しくはないはずです。保健衛生についてのきちんとした教育を受けてもらい、いざという時のために研修を定期的にうけていれば、対処できるはずです。

もうひとつ、高鳥毛先生の「感染症に強い社会とは、国に依存しすぎても、医療に依存しすぎても、専門家に依存しすぎても、実現できるものではありません。社会全体で立ち向かう体制をつくることにあります。それは、自治体と住民とが協働の公衆衛生体制を持てるかどうかにかかっています」という指摘はとても重要です。

ともすれば、一般の人たちは国や地方自治体の責任を問い、病院や医師まかせになりがちです。しかし、パンデミックの時に重要なのは、社会の構成員である我々ひとりひとりがどう考えてどう行動するかです。これは大人だけではなくて、子どももそうです。その結果が、パンデミックを抑え込めるかどうかを大きく左右するのですから。

そんなこと言われてもどうしたらいいかわからない、と思うかもしれません。でも、わからないからとほうっておいたら、いつまでもわからないままです。わからない時は、少しでもわかろうとする態度が大事です。それには、ワイドショーなどでいいかげんな噂話レベルのことを訊《き》くのではなく、きちんと勉強するしかありません。

紀元前500年頃の中国、軍事思想家の孫子は「敵を知り己を知れば百戦危うからず」と説きました。まずはパンデミックの原因となる感染症について知っておく必要があります。宣伝になりますが、中高生でもわかる感染症についての本『みんなに話したくなる感染症のはなし――14歳からのウイルス・細菌・免疫入門』（河出書房新社）を出しましたので、興味のある人はぜひ読んでみてください。

何事においても、まず、正しい知識を頭に入れて、自分で考えて判断することが人生の基本です。ただ、新興感染症の恐ろしいところは、新しく出現してきたところなので、それについての情報が非常に少ないことです。敵を知ろうにも、知りようがありません。しかし、これまでにわかっている「感染症の原理」が頭にしっかりはいっていれば、ある程度の対処は可能ですし、大きく間違えることはまずありません。いざという時のために、こういった「感染症リテラシー」を身につけておきたいものです。

次の新興感染症に備えて

ポストコロナの医療がどうなっているか。見かけは大きく変わらないかもしれません。ただし、水面下では、マスクや防護服などの蓄えだけでなく、感染防御マニュアルの整備や、いざという時に活躍できる人材の育成など、パンデミックに対する備えが十分におこなわれるようになっていくでしょう。逆に言うと、残念ながら、これまではそういった備えがなかった、いいかげんにしてしまっていたと考えざるを得ないのですが。

とりあえず何年間かは十分な対策が取られるようになることは間違いありません。しかし、少し心配なのは、年数が経てば、そういった備えが劣化してしまうのではないかという点です。喉元過ぎれば熱さを忘れる。悲しいことに、人間の記憶というのはそういうものです。

それを防ぐには定期的な教育しかありません。医療に関係する人だけではなく、社会の構成員みんなに対しておこなうことが必要です。しかし、いつやってくるかわかりもしないことについて、一生懸命勉強しようという人ってどれくらいいるでしょう。なかなか難しい問題です。

アホらしいように聞こえるかもしれませんが「新興感染症の日」みたいなのを作って、その日は手洗いを徹底する、外に出る時はマスクをする、学校は遠隔授業にする、仕事の基本はテレワークにする、とかしたら、いい訓練にもなって最高ですね。

9月1日が「防災の日」なのは知っていますか？　1923年の関東大震災、10万人以上の死者・行方不明者を出した日にちなんで制定されています。武漢で「原因不明のウイルス性肺炎」が最初に報告されたのが11月22日ですから、その日がいいかもしれません。翌日は勤労感謝の日でお休みですし。

医師のふたつめの専門領域と保健所の運営のところで書きましたが、普段はちょっと違うことをしているけれど、パンデミックの時には専門性を持って活躍できる人材の育成を真剣に考えるべきでしょう。これは、そういったことに携わる個人にとっても、決して悪いことではありません。ダブルメジャーを持っておいて、時々いつもと違うことを学んだり経験したりするというのは、脳に適度な刺激を与えてくれますから。

少し大きな話をします。日本では、深刻な少子化状態で、人口減少がどんどん進みます。そんな時代に社会を維持するには、パンデミック対策のみならず、複数のことをこなす能力が必要になってくる可能性が高いのです。そんなのじゃまくさいからいやだ、とか思ってはいけません。そうでないと人手がたりなくなるのですから仕方ありません。幸い、これからは人生１００年の時代です。これまで以上に、学びにたっぷり時間をかけることができるようになります。

『LIFE《ライフ》 SHIFT《シフト》――１００年時代の人生戦略』（リンダ・グラットン、アンドリュー・スコット著、池村千秋訳、東洋経済新報社、２０１６年）というベストセラーになった本があります。これからの世の中はものすごい速度で変化していきます。そのような世の中をいかに生きていくかについての本です。専門を２つ（以上）持つというのは、間違いなく、そういった時代によくマッチした生き方です。いろいろとためになることが書いてありますから、少し難しいかもしれませんが、興味がある人は読んでみてください。

新型コロナウイルスのパンデミックでは、スペイン風邪の時はどうだった、という話がよく出てきました。ほぼ１００年前、１９１８年から3年間にわたって大流行したインフルエンザのことです。当時はウイルスという概念はありましたが、その実態はまったくわかっていませんでした。そんな時代のお話です。

それに比べると、現在では医学がすごく進んでいます。新型コロナウイルスでは、遺伝子の解析や抗体の検査などはあっという間にできるようになりました。しかし、一方で、それに対して打てる方策というのは、手洗い、マスク、そして三密を避けると、スペイン風邪の頃と大きくは違いませんでした。

１００年先に何か新しいウイルスの新興感染症によるパンデミックがおきたと想像してみましょう。あっという間に薬やワクチンが開発できるようにまで医学が進歩しているかもしれません。そして、SARS－CoV－2の時代は何もわかっていなかったから、あの程度の病気で大騒ぎになったんだと笑われるかもしれません。もしそうなっていたら、とてもうれしいことです。逆に、とりあえずの対策は、やっぱり、手洗い、マスク、三密回避、のままかもしれません。おそらく、その中間のどこかになっているだろうと思っています。

最初に、世の中は大きく変わらざるを得ないでしょう、と書きました。けれど、ポストコロナ時代といっても、どれくらい先のことを考えるかで違ってくるような気がします。新型コロナの記憶が新しいうちは、いろいろな変化があるでしょう。しかし、もしかしたら、何年か経つと、意外とみんな忘れてしまって、まるで何事もなかったかのように、コロナ前と同じに戻っているかもしれません。たとえ他のことがそうなったとしても、パンデミックに備えるための医療に関してだけは、そうならないように、しっかりと記憶し続けていかなければなりません。

みなさんも絶対に忘れないようにしてください。それから、ダブルメジャーのことも頭のどこかに入れておいて、進路を決める時に思い出してくれたりしたら、とってもうれしいです。

メメント・モリ
――思いがけない出会いに開かれているために

中田考
イスラーム法学者

1　明るい未来を信じて

未来は分かりません。私は2020年の7月22日で還暦を迎えました。読者の皆さんの歳――といってもよく分かりませんがおおまかに高校生から大学生を想定しています――の時には、現在の世界の姿も現在の自分の姿も想像もつきませんでした。というか、端的にそんなことは考えていませんでした。

中高一貫の男子校に通っていた私は将棋とプロレスだけが趣味の「意識の低い」生徒でした。理系の勉強は、共通一次（現在のセンター試験の前身）のためだけに人並みにはしましたが、全然興味がありませんでした。といって、文系の学問をしたい、というほどの向学心もありませんでした。要するに「意識が低」かったのです。それでも中学、高校と少しは本も読みました。一番好きだったのは、武者小路実篤《さねあつ》（1976年没）でした。実篤の理想は、すべての人間が自由にその才能を伸ばすことが人類の意志であり、その人類の意志に則《のっと》って古い慣習を変えて新しい世界を作ろうという素朴なヒューマニズムの理想主義でした。実篤は1918年に「人間らしく生き」「自己をいかす」社会を築くため、協働で農作業を行い余暇に絵を描くなど芸術活動にいそしむ自給自足の共同体「新しき村」を作ります。「新しき村」を雛形《ひながた》に世界を理想郷に変えようと夢想したのです。しかしそうした大正デモクラシーを背景とした素朴な理想主義は、大日本帝国の軍国主義に抵抗することはできず、軍国主義に取り込まれてしまい、敗戦後、戦争協力者として米軍によって公職追放になります。

日本の敗北はなによりも先《ま》ずアメリカの物量に日本の精神主義が敗れた、ということでしたが、アメリカの物量は単なるモノの多さではなく、科学と民主主義の進歩の賜物《たまもの》だと考えられていました。鉄腕アトムは「心やさしい♬ラララ♪科学の子」であり、1970年の大阪万博のテーマは「人類の進歩と調和」でした。科学は進歩し、人類には明るい未来が待っていると誰もが信じていました。そしてアメリカ軍に占領されマッカーサーに「日本人の精神年齢は12歳児並み」と揶揄《やゆ》されながらも、日本はアメリカの忠実な生徒として民主主義、資本主義を学んで生まれ変わって敗戦の焼け跡から立ち直り、「日本の奇跡」とも呼ばれた経済成長を遂げ、1968年には国民総生産で世界第2位の経済大国になりました。「奥さまは魔女」、「ハワイ5-0」、「逃亡者」、「スパイ大作戦（「ミッションインポッシブル」の邦題）」、「宇宙大作戦（「スタートレック」の邦題）など、後にリメイク版が作られるアメリカのテレビドラマの名作には私も夢中になっていました。今から思えば、日本でアメリカが一番輝いていた時代だったと思います。

しかし、世界の実態が日本に伝わるにはタイムラグがあります。ましてやインターネットなどなく、テレビがない家さえも珍しくなかった時代です。「意識の低い」子供だった私は気付いていませんでしたが、アメリカの全盛時代は既に終わっていました。アメリカの自由民主主義、資本主義よりも更に進歩した最新の思想であり「科学」を標榜《ひょうぼう》する「共産主義＝科学的社会主義＝史的唯物論＝マルクス主義」が世界を席巻していたのです。ソ連（ソヴィエト連邦）が消滅してから既に30年近くが経ちましたので、今の若い人にはリアリティーをもって信じられないかもしれませんが、1961年に初めて有人宇宙船の打ち上げに成功したソ連は共産主義陣営の盟主として、資本主義陣営の中軸アメリカと米ソ二極体制として世界を二分する世界の超大国でした。

初めて宇宙から地球を見たソ連の宇宙飛行士ガガーリンの言葉「地球は青かった。ここには神はいなかった」という言葉は一世を風靡《ふうび》しました。共産主義は思想、いや「科学」の最先端に見えていました。現在から振り返るとソ連と共産主義だけではなく、「左翼思想」の全盛期でもありました。私が子供の頃にはラジオで毎日ベトコン（南ベトナム解放民族戦線）が米軍のヘリコプターを何機撃墜した、というニュースが流れていました。私のような「意識の低い」小学生でも「こちらは北京放送局です」という中国のラジオ放送を普通に聴いていた、そんな時代でした。結局、ベトナム戦争（1955〜1975年）でアメリカは敗北し、アメリカ国内でもベトナム反戦運動が広がり、ヒッピー――といっても今は死語でしょうが――などのカウンターカルチャーが隆盛し、日本でも何年か遅れて流行ることになります。

半世紀近く経った今でこそ、後知恵でずいぶん大雑把ではあっても適当にこんな風に整理できますが、当時の私にはそんなことは分かりませんでした。科学は正しく人類は科学の進歩によって世界の真理を解き明かし幸福になる、そう信じつつも、人類の理想は科学による社会の進歩ではなく個人の人格的完成によるんじゃないか、などと漠然と考えていただけでした。

2　大きな転機

私は1979年に第一志望の東京大学文学部文科Ⅲ類を落ちて、早稲田大学政治経済学部に入学しました。私は翌年東大文Ⅲを受け直すつもりで予備校などには通わず自宅で受験勉強をしながら早稲田に真面目に通っていました。要するに「仮面浪人」でした。もっとも当時はそんな言葉はありませんでしたが。まぁ、ぶっちゃけ、私の成績では予備校に通って受験に専念しても合格できる自信が全くなかった、というのが大学に通っていた主な理由でした。でも一方で大学の勉強は高校までの勉強とは質的に違うはずだから、大学で勉強すれば受験に役立つ知識の量的な増加とは違う知性の質的なブレークスルーがあってきっと東大にも入れるだろう、というぐらいの気持ちもあったのも確かです。腰掛けのつもりで通っていただけでしたが、そこで私はその後の研究者人生に大きな影響を与える出会いをしたのでした。人生なんて分からないものです。

私が大学で最初に取ったゼミは、石田光義先生の政治学の英語原典講読で課題図書は*The Democratic Citizen*でした。この本については何一つ覚えていませんが、衝撃だったのは、「『人間は退歩する』があらゆる『文明』と『非文明』における公理であり、人間が進歩する、などと言い出したのは近代西欧だけであった」（大意）との石田先生の言葉でした。社会の進歩を当たり前だと信じて疑ったこともなかった当時の私にとって目から鱗《うろこ》で、まさに洗脳を解かれた思いがしました。進歩とは普遍的ではなく、特殊近代西欧的、つまり時代的にも地域的にも極めて偏った考え方でしかないことに気付いたことで、今まで自分が正しいと信じてきた、自由、平等、民主主義、人権などという概念が、服装や音楽と同じただの流行でしかないのではないか、と疑ってみることができるようになりました。どんな時代にもどんな土地でも変わらぬものこそ人類にとって普遍的なものであり、むしろそうしたものこそが求めるに値するのではないか、と思うようになったのです。

そして石田ゼミではもう一つその後の私の学問の方向性を決めるような学びがありました。それは参考図書として教えられたハンス・ケルゼン（1973年没）の『民主主義の本質と価値』でした。ケルゼンの強靭《きょうじん》な論理的思考こそが高校までの「勉強」とは質的にレベルが違うまさに「学問」でした。本格的にケルゼンを読むようになったのは東大文Ⅲに入ってからでしたが、彼のイデオロギー批判の射程は法と道徳、国家論、正義論のみならず、自然科学の因果法則にまで及んでいました。

この小論ではケルゼンの思想の全体像を述べることはできませんが、その根幹にある世界観、人間観は「～を為すべし」との当為命題は「～である」という事実命題から導き出すことはできない、という一言に纏《まと》めることができます。

3　イブン・タイミーヤ

実は後に私が専門に研究することになる13～14世紀のイスラーム法学者イブン・タイミーヤは、ケルゼンやケルゼンにヒントを与えたカント（1804年没）に何世紀も先立って、この当為命題と事実命題の根本的区別の上に、神学と法学を総合する壮大な教義学を築き上げます。専門的な話ですが手短にお話ししますのでしばらく我慢して読み飛ばしてください。

イブン・タイミーヤは神の意志に（1）神が行為選択の自由を与えた人間が善行を行うことを望む「規範定立的意志」と、（2）選択の自由のない物体が世界として現象することを望む「存在付与的意志」の2種類を区別します。そしてアッラーは、この2種類の意志、（1）「存在付与的意志」の持ち主「創造者」、そして（2）「規範定立的意志」の持ち主「立法者」として世界に臨みます。そして人間は宇宙の森羅万象の中で神のこの「規範定立的意志」と「存在付与的意志」の2種類の意志に向かい合う唯一の存在、つまり倫理的存在、法的主体、として位置づけられます。それゆえ人間には、この世界がただアッラーの存在付与的意志によってのみ創造されたという理路を認識し、アッラーの規範定立的意志が言語化された天啓法（シャリーア）にのみ服従することが求められることになります。

前者は「タウヒード・ルブービーヤ（創造者性における唯一化）」、後者は「タウヒード・イラーヒーヤ（立法者性における唯一化）」と呼ばれます。自分自身の欲望、意志、考え、言葉、行動なども含めて、世界に起きるすべての事象は、アッラーの意志と力によって創造されたことを認識しそれに秘められた英知を理解することが「タウヒード・ルブービーヤ」です。そしてアッラーだけに従うことで天使や悪魔であれ、国家や金銭であれ、肉欲や名誉であれ、アッラー以外のあらゆる被造物の束縛から自由になることが「タウヒード・イラーヒーヤ」です。「タウヒード・ルブービーヤ」は世界を唯一の創造主の被造物として統一的に理解する「諸学の女王」たる神学の基礎、「タウヒード・イラーヒーヤ」は人格、社会、経済、法律、政治などすべての価値を包括する天啓法を法源とする法学の基礎になります。

イブン・タイミーヤは「タウヒード・ルブービーヤ」は預言者ムハンマドの宣教以前のアラブの多神教徒や異教の哲学者たちでも認めていることに過ぎず、唯一神教たるイスラームのメルクマールは「タウヒード・イラーヒーヤ」に他ならないとして、「タウヒード・ルブービーヤ」の神学の上に「タウヒード・イラーヒーヤ」の法学を位置づけ、他の宗教と文明との対話・対決を内在化し神学と法学を統合したイスラームの教義学体系を構築します。

このようにイブン・タイミーヤが定式化した教義学は「サラフィー派」（「ワッハーブ派」）などと呼ばれており、現在のムスリム世界各地に少なく見積もって数千万人、多ければ1億人を超える信奉者を有する一大潮流のイデオロギーとなります。イブン・タイミーヤ著作集

（全37巻）はサラフィー派の知識人の必読書です。

4 偶然の連続

私は日本人の新入信者に過ぎず、アラビア語の力もイスラーム諸学の学識も彼らサラフィー派の学者、知識人たちに遠く及びません。それでも私はイブン・タイミーヤの思想の論理構成を彼らよりも明晰《めいせき》に理解しています。ましてや彼の思想の人類史的意義については本当に分かっているのは世界でも私一人だと自負しています。そしてそれは私がケルゼニアン——ハンス・ケルゼンの信奉者のことです——としてイブン・タイミーヤの思想を「発見した」世界でもただ一人のイスラーム学徒だからです。

私が早稲田で勉強したのはその1年だけであり、石田先生とも半年間ゼミに出させていただいただけで個人的にお話ししたことは一度もありません。もちろん、先生の方では私のことなど覚えてもいないでしょう。しかし、この腰掛けのつもりで1年間だけ在籍した早稲田政経でたまたま取った石田ゼミ、そしてそこでのケルゼンとの出会いが私の研究者人生において最も決定的な事件だったのです。

私にとって、最も重要なアイデンティティは唯一の神に仕えるムスリム、イスラーム教徒であることです。しかし、私がムスリムになったのは、当為命題から事実命題を導くことはできない、というケルゼニアンの世界観をあらかじめ持っていたからです。入信以前にケルゼニアンだったからこそ、事実の世界と当為の世界の共通の根源として創造者性と立法者性を統合した神アッラーに仕える倫理的存在として宇宙の中に特別な位置を占める人間の生き方、というイブン・タイミーヤが説くイスラームを極めて自然に自らの宗教として受け入れることができました。その意味では、私はムスリムである以前にケルゼニアンでしたし、今でもそうです。

私がムスリムになったのは大学でイスラーム学研究室に進学し1年イスラームを学んだ後だったので自分で選んだ道とも言えますが、ケルゼンに出会いケルゼニアンになったのは自分では石田ゼミに入るまでは考えもしなかった偶然です。またイスラーム学研究室に進学したのは確かに私の意志でしたが、イスラーム学研究室が開設されたのは1982年、つまり私が教養学部文科Ⅲ類から文学部に進学した年でした。つまり、私が大学に入学した年の1980年にはまだ存在しなかったので、大学に入る時点では将来自分がイスラームを勉強することになろうなどとは思えるはずもなく、イスラームを勉強するようになったのは自分で選んだというよりも運命のように思えます。

5　ポストコロナ期の世界

　科学革命、産業革命によって世界の覇権を握った西洋近代文明の洗礼を受けた現代人は、社会はまるで機械のように設計され、自分たちの運命も機械でも組み立てるように自分が考えた通りに決めることができると考えがちです。でも、本当はそうではないのです。私たちの運命は、予期せぬできごとの連鎖によってできあがっているのです。もちろん、私たちの意志や計画が無意味だ、ということではありません。私たちの意志や計画は紛れもなく私たちのものです。しかし私たちの身体が私たちの身体でありながら、自分の力だけで作り上げたのではないように、私たちの心や気持ちも私たちだけのものではありません。私たちは自分の心さえ思い通りにならないのです。その証拠に今から5分前の自分の心の中を思い出してください。5分前に今自分の心にあることを想像できたでしょうか。

　私たちは5分先の自分の心さえ知らないのです。未来が未知である、という当たり前の事実を私たちは忘れています。いや、現代の資本主義のイデオロギーの催眠術によって忘れさせられていたのです。そして私たちをその微睡から無理やり覚醒させたのが新型コロナウイルス（以後、COVID－19と記します）でした。COVID－19によってオリンピックの延期は言うまでもなく日本中が麻痺状態に陥ると、去年の夏に東京オリンピックだと浮かれていた日本人の誰が想像したでしょうか？　いいえ、日本だけではありません。世界最強の超大国であり科学の最先端を行くと私たちが信じてきたアメリカは２０２０年９月15日現在、感染者数６７４万９２８９人、死者数19万９０００人と断トツで世界最悪の被害者を出しています。

ＣＯＶＩＤ－19にワクチンや治療薬が開発されるかどうかは現時点では不明です。しかしたとえワクチンや治療薬が開発されても自然免疫が成立しての安定を除いて情況の大きな変化は見込めないでしょう。というのは薬の開発には通常長い時間がかかりますし、なによりワクチンも治療薬も存在する通常の季節性インフルエンザでも世界中で毎年30万人から60万人が亡くなっている以上、ＣＯＶＩＤ－19もたとえワクチンや治療薬が開発されてもその効果は限定的だと考えざるをえないからです。そうであれば、世界はもうＣＯＶＩＤ－19を知らなかった昔に戻ることはないでしょう。そしてポストコロナ期の世界は、自分たちにどんな未来が待ち受けているか誰にも分からない、という当たり前の事実を直視しなければならない世界になるでしょう。

6　二つの真理

何が起きるか分からない未来を否応なく直視しなければならないなら、私たちは科学や社会や経済の進歩といった不確かな憶測に翻弄されて右往左往するのではなく、時と場所を超えて変わらない真理を求めるべきだ、と私は思います。ＣＯＶＩＤ－19禍によって私たちが気付くべき不変の真理は（1）人は必ず死ぬ、（2）自分が本当にしなければいけないことは何もない、の二つです。順に説明していきましょう。

分子生物学者の福岡伸一はＣＯＶＩＤ－19について「エボラ出血熱やマールブルグ病のような致命的なウイルスが攻めてきたわけではない。むしろ致死率が高いウイルス病は、宿主を殺してしまうゆえに広がることが少ない」と述べ、「世界を混乱に陥れた」のは「急速に伝播《でんぱ》されたのはウイルスそのものというよりも、人々の不安である。これほど大きな社会的・経済的インパクトが地球規模でもたらされるとは、誰も予想できなかった」と述べています。私は、資本主義のイデオロギーが未来が未知であるという事実から私たちの目を逸《そ》らさせてきた、と言いました。未知の未来に無理やりに向き合わさせられること、それが世界中に急速に伝播した「不安」の原因です。

ＣＯＶＩＤ－19は、世界中に３０００万人にせまる感染者、１００万人弱の死者を出し、航空会社の国際線の運航停止、人々の外出自粛、都市のロックダウンなどのせいで１９３０年代の世界大恐慌以来の経済危機をもたらしたのみならず、失業、貧富の格差の拡大をもたらしました。そればかりではありません、国内における地方、人々の分断だけではなく、グローバルにも人種・民族差別、排外主義の高揚、非常事態を口実とした国家権力の強化などの様々な社会問題を生み出しています。なかでもＣＯＶＩＤ－19禍で最大の被害を出しているアメリカのトランプ大統領は責任転嫁のためにＣＯＶＩＤ－19を「中国ウイルス」と命名し、人気取りのポピュリズムで差別を煽《あお》っており、欧米では「新しい黄禍論」とも呼ばれる東洋人差別が起きています。私たち自身でさえ、中国人、日本人、韓国人を顔貌（かおかたち）で区別することはできません。ましてや欧米人に、平たい顔をした東洋人の間の区別などできるはずがありません。私たち日本人にも人種差別の足音がすぐそこまで迫っています。東洋人同士で差別し足を引っ張りあっている場合ではありません。

　ＣＯＶＩＤ－19で死ぬことへのヒステリックな反応は、実は人間は必ず死ぬということから目を逸らそうとの絶望的なあがきです。ＣＯＶＩＤ－19で死のうと死ぬまいと日本では毎年１４０万人あまりが、つまり毎日４０００人ほどが死んでいます。あたかもＣＯＶＩＤ－19だけが死をもたらす死神であるかのように偏執するのは、ＣＯＶＩＤ－19以外の死を見ずに済ませてきたこれまでの生活にしがみつきたいがためのものなのです。ＣＯＶＩＤ－19が私たちの目の前に突きつけた第一の真理が誰にも避けがたい死であるなら、死が私たちに気付かせてくれた第二の真理は、私たちが本当にすべきことは何もない、という絶対的な自由です。

7 呪いの言葉に気をつけて

福岡が述べている通り、COVID-19禍は「エボラ出血熱やマールブルグ病のような致命的なウイルスが攻めてきたわけではな」く、世界に混乱をもたらしたのはウイルスではなく「人々の不安」です。人口が半減したような凄惨なペストの流行は、中世ヨーロッパに絵画の「死の舞踏」のモチーフを生み、古代ローマでは快楽主義的標語であった「メメント・モリ（死を想え）」を、死を日常的に意識する内省的なキリスト教倫理の格言に変えました。

ペストとは違ってCOVID-19禍ではメディアのヒステリックな過剰反応とは裏腹に身の回りでほとんど死者を目にすることはありません。これではペストの流行のように万人が死と向き合う、といった実存的経験を日本社会全体に求めることは期待できません。しかし今まで「自分がいなければこの職場は立ち行かない」、「自分の会社が国と社会を支えている」と洗脳されていた人たちが、「不要不急」の烙印《らくいん》を押され自粛要請の名の下に強制的に職場を離れ家に籠《こも》らされることになったのはまぎれもない事実です。

「仕事に行かなくてはいけない」でも「オリンピックは行わなければいけない」でも「学校に行かなければならない」でも何でも構いません。本当はすべて「しなくてもよい」ことだったのです。それらは本当は「～しなければならないこと」などではなく「『～しなくてはならない』と言う者が『人に～させたいと思うこと』」でしかなかったのです。COVID－19禍の前にはあれほど喧《やかま》しく「～しなければならない」と言い募っていた者たちは、これまで人々に「～しなければならない」と呪いをかけ、本当はする必要などなかったのに、人々に「自分がさせたいこと」を押し付けてきたのです。彼らの呪いの言葉に騙《だま》され、これまでどれだけ多くの人々が塗炭《とたん》の苦しみを舐《な》めさせられてきたことでしょうか。しかし彼らは決してその責任を取ろうとはしません。

私はケルゼンから「～である」という事実命題から「～を為すべし」という当為命題を導くことはできないことを学んだという話をしました。COVID－19についても、医学者、経済学者、統計学者、政治学者などが科学の名の下に「何をすべきか」との託宣を下します。しかし、騙されてはなりません。

科学の命題は「～である」との事実命題のみからなり、「～を為すべし」との当為命題は含まれません。科学的には、人間の行為はすべてただの粒子の離合集散でしかなく、あらゆる行為の間にいかなる相違もありません。「存在するものは合理的である」とはドイツの哲学者ヘーゲル（1831年没）の言葉ですが、科学の世界には善も悪もありません。存在するものはただあるがままにあり、次の瞬間にはただ消えさるのみです。人間が科学的真理に則って暮らそうと、迷信と狂信に生きようと、清廉潔白を貫こうと悪逆非道を尽くそうと、愛する家族に囲まれて希望に満ちて幸せに生きようと、病苦と絶望のうちに孤独死しようと、科学的には人間を構成する粒子が自然法則に従い無目的に集まり無意味に離散するだけのことでしかありません。2500年以上前のソロモン賢王は既に述べています。「知者の目はその頭にある。しかし愚者は暗やみを歩む。けれども私はなお同一の運命が彼らのすべてに臨むことを知っている。私は心に言った『愚者に臨むことは私にも臨むのだ。それでどうして私は賢いことがあろう』。私はまた心に言った『これもまた空である』と。そもそも知者も愚者も同様に長く覚えられるものではない。きたるべき日には皆忘れられてしまうのである。知者が愚者と同じように死ぬのは、どうしたことであろう」（『旧約聖書』「コヘレートの書」2章）

8　出会いに開かれているために

「科学に則って生きるべし」という科学者の主張は科学の命題ではありません。科学主義者にとっての科学は依存症患者の酒、賭博、麻薬、SNSと同じ依存対象なのです。「科学依存」もまた、生きることには価値はなく、誰もが遠からず無意味に死ぬ、という事実から目を逸らす暇つぶしになる、ということです。「科学」も人間が求める「べき」真理ではありません。それはまた国家や富と同じく人間の欲望が虚空に映し出す幻影であり、人を奴隷にする偶像に過ぎません。

だから親でも先生でも上司でも世間でも科学でも、あなたに「〜を為すべし」と命じようとする者には気をつけてください。それがあなたを支配しようとする偽りの神だからです。他人だけではありません。あなた自身の欲望もまたあなたを支配する神となります。クルアーンは言います。「自分の欲望を神とする者をあなたは見ないか」（クルアーン45章23節）

ポストコロナ期の世界はもはや以前の世界ではありません。この文章をお読みの皆さんは長く続く混乱、動乱の時代を生きることになるでしょう。しかし福岡の言うように、COVID-19自体は民族や国家の存続を脅かすような危険ではありません。真の脅威は人々の不安です。皆さんが真に気をつけるべきは、COVID-19ではなく、人々の不安につけこみ、あなたがたを支配しようとするモノたちです。この世界の中にはあなたがその命令に従うべきモノは何もありません。

ポストコロナ期の動乱の中であなたの不安を煽ってあなたを支配しようとするモノたちの罠からあなたが逃れ、この世を超えた真理へとあなたを解放してくれる出会いを見逃さずに摑《つか》み取るための道標にこの小文がなることを祈ってここに筆を擱《お》きます。

ディレンマの知性

釈徹宗
僧侶・宗教学

新型コロナウイルスによるパンデミックは、さまざまなディレンマ（二律背反による葛藤）を可視化しました。まずはここから考えてみたいと思います。

このディレンマというやつは、なかなか味わい深いのです。こいつとどう向き合うかによって、私たちの生き方も変わってきます。

そしてロゴス（言語・論理）のワナに警告を発し続けてきた仏教の教えを取り上げようと思います。

1　ロゴスとレンマ

(1) 清潔と免疫

私はテレビ番組の「お悩み相談コーナー」を担当しています。もう6年になります。

先日、こんな相談が寄せられました。相談者は30代のお母さんです。

「幼い子どもを連れてお散歩していると、ときどき『まあ、可愛い』などと、子どもの頭をなでたり、顔を触ったりする人がいます。感染症が心配なのでやめてもらいたいと思うのですが、どのようにお断りすれば失礼にならないでしょうか」

みなさんがもし同様の立場であれば、どのようにお断りしますか？

中高生の読者であれば、「そんなの『やめてください。感染症が心配なので』って言えばいいじゃないか」と思うかもしれませんね。「相手は見ず知らずの人なんだから、どう思われてもかまわない」と考える人もいるでしょう。あるいは、この相談者のように「できれば失礼のないように、相手を傷つけないように拒否したい」と悩む人もいるでしょう。

さて、ここではお悩みの主題である「うまくお子さんに触らせないようにする方法」は横に置きまして、ここに生じているディレンマについて見ていきましょう。

ここには「感染リスク回避」と「過剰な反応」がありますよね。「清潔」と「免疫」という問題もあります。

私たちはさまざまなウイルスやバクテリアの侵入によって免疫システムを構築していくそうです。毒性の強くないウイルスに感染することは、人間が生きていく上でとても大切なのです。よく「子どもは自然の中でどろんこになって遊ばなければ」などと言いますが、それは単に教育論としてだけではなく、免疫システム構築の問題から考えて重要なのでしょう。

また、感染症への対応が過敏になるうち、ヘタすると「自分以外はすべて汚い」などといった病み方になってしまう可能性もあります。そうなると、社会生活を送ることも困難になります。場合によっては、ドアノブも触れない、電車やバスのつり革ももてない、コンビニでお釣りを受け取ることもできない、なんてことにだってなるわけです。

もちろん、相談者のお母さんのように、感染のリスクを回避する知恵が必要な現状です。眼の前のリスク回避と、長期間で人生を考える視点と、双方を架橋《かきょう》することになります。

(2) ディスタンスとコミュニケーション

東日本大震災の際、「絆《きずな》」という言葉がよく使われました。大災害の苦しみや痛みと向き合えたのも、人と人とのつながりや結びつきがあってこそでした。人間は「ああ、つながっている」と実感できれば、厳しい日常を何とか引き受けることができます。そういう心身の仕組みになっているのです。

しかし、感染症問題となれば話は別です。私たちは、物理的にも精神的にも、互いに距離をとることになります。地震などの災害とは異なって、この問題に部外者はいません。人類すべてが当事者です。誰もが生活の見直しやマインドセットの変更を余儀なくされています。人々が絆を感じ、一体感を生み出すような集会や会合は憚《はばか》られることとなりました。それが長期間続くと、私たちが頭で考えている以上に、社会や人間にダメージを与えるのではないでしょうか。これからボディブロー的に効いてくる気がします。

たとえば、宗教という領域は基本的に「密」なんです。そもそも宗教は人と人とを結びつける機能をもっています。同じ場所に集うことを大切にします。共に同じ文言を唱和し、共に歌います。共に笑い、共に泣きます。実際に、韓国では宗教教団の集いがクラスターになりましたね。

2020年4月7日、WHOは世界の宗教者に向けて「COVID－19の文脈における宗教指導者と信仰に基づくコミュニティのための実践的な考察と提言」という中間ガイダンスを発表しました。

それによりますと、

宗教者や信仰者、教団や信仰共同体は、COVID‐19に関連した病気に対して、霊的な支援を提供したり、弱者の求めに応じたり、大きな役割を果たすことができる。また、恐怖や偏見を予防・軽減して、人々に安心感を与え、奉仕と思いやりのネットワークによって地域コミュニティに援助ができる。

そのためにも、COVID‐19に関するエビデンスに基づいた情報を共有すべきである。

- 大人数での集まりを避けて、可能な限り遠隔地からの儀礼を行うこと。
- 集会・儀礼を行う場合には安全性を確保すること。
- 暴力や憎悪の煽動《せんどう》に対処すること。
- コミュニティが必要とする正確な情報を共有して、誤情報に対処すること。

（以上、著者による抜粋・取意）

となっています。

つまり、「今は集会を自粛するべきである（集まることが可能な事例の場合でも、さまざまな感染防止策に取り組む）」「宗教者のみなさんができることは他にある。それはみんなの不安に寄り添うことだ」といった内容になっています。

こうなってくると、それまで当たり前のように集っていた機会がとても貴重になってきますね。むしろ新型コロナ禍以前よりも、コミュニケーションの喜びは増すかもしれません。また、コミュニケーションによって苦しんでいた人にとっては、人間関係の距離を考えなおす時宜となることでしょう。

(3) 強権的施策と民主的手続き (全体の利益と個人の自由)

感染防止のため自宅にこもり気味な私たちにとって、ネット情報の重要度は増しました。そしてネットからは世界各国の様子がリアルタイムで入手できます。だからどうしても自国と他国の感染対策や経済政策を比較してしまいますね (そしてがっかりする……)。

こういう危機状況の際には、やはり強烈なリーダーシップを求めてしまいがちです。とにかく正規の手続きを踏んでいては遅いわけです。超法規的な手段でも有効であれば歓迎する、そんな思いにかられます。強力な都市封鎖や、政治主導による一刻も早いワクチン開発など、強権的な施策を歓迎する雰囲気を感じました。

なにしろ民主主義的手続きというのは時間がかかります。これまでの失敗事例や、蓄積してきた知恵などに基づいて、さまざまに設定された手続きをひとつひとつ踏んでいくことが大切なのですから。

しかし、新型コロナ禍の状況では、そんな悠長なことをしている場合ではなく、もっと早い対応が必要となります。そのためには、移動の自由や集会の自由の制限や、文化・娯楽など不要不急なものは後回しにされることを受け入れねばなりません。

全体の利益と個人の自由との綱引きですね。これもディレンマです。

(4) ディレンマについて

他にも、「中心」と「周辺」(都市と地方)の問題や、「健康」と「経済」の問題など、社会の随所にディレンマ的な構図が浮上していますね。いずれも、どちらかを選んで、一方を手放す、というわけにはいきません。対立している二項を択一するのではなく、両方を常に意識し、自分の言動を鍛錬することとなります。

このディレンマについて、少しお話しします。

ディレンマとは、二つの規律が背反して起こる葛藤(コンフリクト)を指します。ギリシャ語で「ディ」は2を表します。「レンマ」はもともとインドの分別(シュコーティ)がギリシャ語になったものです。この「レンマ」がなかなか面白いのです。

たとえば、形式論理学では「Aは事実である。Aは非事実である(同一律)」「Aは事実であれば、非事実ではない(矛盾律)」「Aは事実か非事実かのどちらかである(排中律)」を三原則としています。これがロゴス（論理）です。

ところが、インドでは「Aは事実であり非事実である」「Aは事実でもなく非事実でもない」などと、形式論理学に沿わない論理が発達します。これは、ロゴスとは区別して、レンマと呼ばれています。矛盾をひとつの論理のあり方として取り扱うのがレンマです。矛盾も含めてまるごと全体的に把握する手法でして、これは仏教の「空」の理論でも使われています。

芸術人類学者の中沢新一さんは、「人間にはロゴス的知性とレンマ的知性があり、後者は現在〝廃れた鉱脈〟みたいになっている」と指摘しています。レンマのことを「脳によらない知性」とか「ロゴス的知性である人工知能の発達で、むしろ人間ならではのレンマ的知性が浮かび上がる」などと、ユニークに論じています（『レンマ学』講談社）。

とすれば、まさに私たちはCOVID-19によって廃れた鉱脈を発掘できる機縁に遭遇しているると言えるじゃありませんか。

ロゴス（二項対立、二者択一）のワナに足元をすくわれないように心身をよく点検し、レンマ（矛盾を含めて体得する）の知性へと目を向けてみましょう。

2　二項対立のワナから離脱せよ

パンデミックの事態において、仏教はどんなことを語るのでしょうか。あるいはCOVID－19によって、私たちの宗教事情はどう変わるのでしょうか。

(1) 仏教の語り

さまざまな災害に際して仏教が常に説くのは、いずれにしても死は避けられない、という身も蓋もない事実です。なにしろこの世界のすべてが虚構であり、この世界の本質は苦であるとするんですからね。共感できない読者もおられることでしょう。

室町時代の念仏者である蓮如が、「疫癘《えきれい》の御文章」と呼ばれる手紙を遺しています。当時の伝染病禍の状況において書かれたものです。それによると、「近頃、多くの人が伝染病で亡くなっている。しかし、伝染病だから死ぬのではなく、そもそも我々は生まれた時から死を抱えて生きている存在なのだ。驚くべきことではない」とあります。そして、「今回のような伝染病が流行って希望がもてない時、信心が大切だ」と説きます。

また、江戸時代の禅僧・良寛は大きな災害に遭った友人に「災難に遭う時節は遭うがよろしく候、死ぬ時節には死ぬがよろしく候。これはこれ災難をのがれる妙法にて候」と書き送っています。このあたりの破壊力が仏教の本領なのです。この身も蓋もない事実と向き合うのが仏教の教えです。

さて、もうひとつ、仏教は二項対立のワナから離脱しろと説きます。私たちは言語ゲームの世界に生きており、すぐ二項対立の図式にはまってしまうから気をつけろと言います。

マスクを例に挙げて考えてみましょう。マスクは今回の事態を象徴する重要なアイコンですね。私も外出時のマスク着用が徐々に習慣化してきました。それまでマスクなどほとんど身につけたことがなかったのに。

マスクを着けて街を歩いたり、電車に乗ったりすると、「マスクを着用していない人が気になる」という初めての感覚が生じることを自覚しました。ただ単にマスクを着けただけで、「マスクを着用している人」と「マスクを着用していない人」の構図にはまってしまう自分に驚きました。マスクを着けていない人がひどく不見識でマナー違反に見えるのです。まさに二項対立のワナです。

私たちの脳は、二項対立で認知するのが得意なようです。脳のくせですね。よほど意識しないと二項対立構図で認識します。敵と味方、損と得、有用と無用、マスク着用者とマスク非着用者といった具合です。

この二項対立のワナに注意しないと、苦悩の連鎖や憎悪の連鎖が始まってしまうと仏教では説いています。この連鎖の方向を変えねばなりません。

日本赤十字社では、「新型コロナウイルスの3つの顔を知ろう！ 負のスパイラルを断ち切るために」と題して、「感染症の3つの顔」を警告しています。第一の感染症は病気、ウイルスの感染です。第二の感染症は不安と恐れ、そして第三の感染症は嫌悪・偏見・差別だとしています。

仏教では、すべては縁起の法則によって連鎖していくとの立場に立ちます。苦悩・憎悪・偏見・差別の方向へと連鎖していかないよう、二項対立に足元をすくわれないよう、慎重に丁寧に事態を受けとめていくのです。

(2) もう一度身の回りの宗教性を立ち上げる（レンマによって立ち上がるもの）

COVID-19によって、社会の流れが大幅にスピードダウンしました。それまでものすごいスピードで動いていた流れがいったん止まりましたね。私はあらためてケ（日常）を感じました。それまで、昔で言うところの「ハレの日」みたいなテンションでみんなが暮らしていたでしょう。かつては外食することさえハレの日の行為でしたから。今までの日常は、日常というより「ハレの常態化」だった人も多かったのではないでしょうか。ハレが常態化すると日常がやせ細ります。

しかし、流れがゆっくりになったことで、日常が再び輝くといった現象が起こるのではないかと思われます。

それは宗教の領域でも同じことが言えます。

宗教学者の弓山《ゆみやま》達也さんが、東日本大震災とじゃんがら念仏踊りについての例を挙げて、次のような論評を書いています。「（福島県いわき市のじゃんがら念仏踊りは）念仏とはいうものの、郷土芸能、青年会の夏の風物詩となり、宗教性が失われていたところに東日本大震災が来た」そして、大震災のために、じゃんがら念仏踊りの枯れていた慰霊や追悼といった宗教性が再発見されたそうです。

「弓山さんは「周知の通り、日本では宗教を信じている人は2～3割だ。しかし墓参りや初詣となると7割以上が参加する。そして多くはこれらを宗教とみなしていない。（新型コロナ禍で）お盆の自粛、墓参りができなかった、いつもと違った形を余儀なくされたからこそ私たちはその意味を考える機会を得たと考えたい」（「中外日報」2020年8月21日、時事評論）としています。

むすび

みなさん、矛盾した事態を抱えた時、わかりやすくシンプルな結論に飛びつくことなく、

「これはレンマの知性を鍛錬するチャンスだ」と受けとめてみましょう。

COVID‐19に関して、ニュースやネットや雑誌では、さまざまな専門家の意見が交錯していています。専門家の意見もけっこうバラバラですよね。つい「結局どうしたらいいのか早く教えてくれ」という気になります。でも、誰かが答えをもっているわけじゃないんです。また、知性を鍛錬するとは、答えにたどり着くことでもありません。むしろ、簡単に答えを出すことなく、問題意識を持ち続け、考察を続ける態度こそ大切なのです（この態度が、次世代の良い専門家を生み出すことになります）。

とにかく、二項対立・二者択一のワナにはまると、容易に第二感染から第三感染へと移行してしまいます。第一感染や第二感染は仕方ありませんが、第三感染への連鎖は避けることができます。第三感染の連鎖は、ある意味ウイルスの感染より怖いものなのです。

そして、ぜひお勧めしたいのが、社会のフェーズが変わったからこそ立ち上がってくる〝身の回りの宗教性〟に目を向けること。その営みは、私たちの日常が本来もっている輝きを取り戻すことへとつながるのです。

5. Letters from over 70

70代からのメッセージ

ポストコロナ期における雇用について

内田樹
思想家・武道家

悪い予測はよく当たる

みなさん、こんにちは。内田樹です。ってこのフレーズ、もうここまでで3回目ですね。「まえがき」の冒頭と、「寄稿のお願い」の冒頭と、そして、ここと。

こういう書き方で本を書き始める人って、あまりいないんですけど、僕はどんな本でもこの「挨拶」から書き始めないとなんだか落ち着きません。しつこくてすみません。

どうして挨拶から始めないと落ち着かないのか、それをいまちょっと考えてみました。

挨拶から始めるのは、たぶん「誰宛てに書くのか」を自分自身に対してはっきりとさせるためだと思います。自分はいったい誰に向かって、これから文章を書くつもりなのか、それをまず確認する。

今回はわかりやすいです。「中学生高校生」対象です。自分よりずっと若い人たちに向けて文章を書くということになると、ふつうはちょっと気楽になります。というのは、寄稿者である僕たちもかつて一度は中学生高校生だったことがあるからです。だから、そういう年齢のときに何を考え、何を想像し、何を欲望し、何に衝《つ》き動かされていたかを知っている（と思っている）。ふつうはそれが書き手にとってのアドバンテージになります。僕も寄稿依頼を書いているときはそのつもりでいたんです。でも、いざ挨拶して、書き始めると、「その手は使えない」気がしてきた。

というのは、読者である中高校生のみなさんのほとんどは、僕たちよりかなり長生きするからです。僕たちが死んだあとも生き延びる。そして、**「僕たちが知らない世界」を生きることになる**。

僕たちが知っている社会をみなさんも引き続き生きるのであれば、僕たちの経験知はかなり有効です。でも、「ポストコロナ期をどう生きるか？」という問いを立てたところで、気がついたのですが、僕たち老人はこれから始まる「ポストコロナ期」に相当するような時代を実は生きたことがない。だから、「こういう場合にはこうすればいいのだよ」というような「古老の知恵」をお伝えすることができない。してもいいんですけれど、たぶんあまり役に立たない。

僕たちが熟知している世界についてであれば、それがどうして成り立ったのか、どういう仕組みなのか、どうやって制御したらいいのか、どうふるまったらいいのかについてそれなりに有用な知見をお伝えすることができる。でも、**みなさんがこれから生きる世界は僕たちの手持ちの経験知が適用できない未知の世界です**。政治経済のシステムも、仕事のやり方も、家族のかたちも変わる。全部、変わる。

だから、これから僕が書くのは「これからどうなるか」という予測になります。予測なので、当然ながら確信をこめて「こうなる」と断言することはできません。

でも、これまで「これからこうなる」という予測を何度もしてきて、当たったり外れたりしてきたので、自分の「通算打率」はわかっています。僕の未来予測の的中率は6割をちょっと超すくらいです。打率としては悪くないですよね。ぜんぜん悪くない。先日、『GQ』という雑誌に連載していた「相談コラム」数年分をまとめて単行本にしたんですけど、その中で政治経済について「これからどうなるでしょう?」という質問に答えたものの中で「外れた」のは一つだけでした。

外れたのは、うっかりと「主観的願望」と「客観的情勢判断」を混同したケースでした。「こうなるといいな」という僕の個人的な願望のバイアスがかかったせいで、いくつかのファクターを読み落としたり、読み間違ったのでした。

僕の場合に限らず、**未来予測が外れるのは主観的願望のバイアスがかかるからです**。「こうなって欲しい」ということの実現可能性を過大評価し、「こうなったらいやだな」ということの実現可能性を過小評価する。おしなべて人間というのはそういうものですよね。

ですから、その「偏り」を勘定に入れれば、未来予測にかかっている主観的バイアスを補正することができます。これから僕はみなさんのために「ポストコロナ期はこんな世界になる」という未来予測をするわけですけれども、予測の精度を上げるために、**「こうなったらいやだな」という未来の実現可能性をちょっと高めに計算しています**。わかりますよね。「こうなったらいいな」という願望のバイアスのせいで、予測を誤ったことは僕にはこれまで何度もありましたけれど、「こうなったらいやだな」という「起きて欲しくないこと」の実現可能性を過大評価して予測を誤ったことはないからです。

まことに皮肉なことですが、**悪い予測はよく当たる**。だから、あらかじめご注意しておきますけれど、僕の予測する未来はかなり「暗い」です。申し訳ないですが。

これからの仕事について

最初に仕事の話をします。これから仕事はどうなるかということです。

中学生高校生にとって喫緊《きっきん》の問題は、「これからどういう専門分野の知識技術を身につけて、先行きどういう仕事に就いたらいいか？」ということです。政治がどうなるとか、経済がどうなるとか、人口減少がどうなるとかいう大きな話をするより先に、順序としてはより身近な就職の話から始めましょう（でも、ほんとうを言うと、就職の話をきちんとするためには、未来のほとんどすべての領域についてある程度たしかな予測を立てておかないといけないんです）。

みなさんの多くはこれから受験を控えているわけですけれど、どんな専門領域に進学「したい」のかという「好き／嫌い」とは別に、どんな専門領域に進学したら「食える／食えない」ということを考えていると思います。もちろん「好きなことをして食える」のが一番だけれど、果たして、「食える仕事」って何でしょう？

僕からのアドバイスは簡単です。みなさんは「好きなこと」をすればいい。**「したい」勉強をして、「したい」技術を身につけて、「したい」職業に就けばよい。**

それで食えるか食えないのかなんてことは後で心配すればいいことです。だいたい「したいこと」をしていれば、人生間違いはないです。少なくとも、「したいこと」をしていれば、それで先行き「食えなく」ても、誰を恨むということもありません。逆に、「したくない」けれども、「これなら食える」と思って、ある専門なり職業なりを選んだ場合、やってみたら「食えなかった」ときに文句を持ってゆく先がありません。

ですから、みなさんはまず「好き／嫌い」のレベルで、専攻する分野や、就く仕事を決めてください。それでいいんです。でも、それとは別に「食える仕事と食えない仕事」についても一つの知識として頭の片隅に置いておいて欲しいと思います。たいせつなのは「**いまは食える仕事」だと思われているけれど、みなさんが大人になる頃には「食えなくなる仕事」があるということです**。「あまり気が進まないけど、これなら食えそうだから」というような動機で選んだ仕事が「食えない仕事」になってしまった場合はほんとうに悔やんでも悔やみきれない。ですから、それについてまずお話しします。

コロナウィルスのパンデミックで大規模な社会変動が起きる前、今年のはじめまでは、AIの導入で雇用はどう変わるかということがずっとメディアでは議論されていました。日本のメディアはあまりそういう話をしたがりませんでしたけれど、アメリカのメディアは「執《しっ》拗《よう》に」というくらいこの話題を繰り返し報道していました。

僕が読んだ限りで、AI導入による雇用消失についての最も控えめな数字は14％でした。

もう少し危機的な数字では38％。それだけの職業がこの世から消えるということです。コンサルティング会社のマッキンゼーの試算では「アメリカ国内で人間が賃金を得ている仕事のほぼ半分が既存の技術で自律化できる」のだそうです。

もちろん、だからと言って、雇用の50％がそのまま消えるわけではありません。先端技術を導入するより低賃金労働者に手作業でやらせた方が安い仕事はそのまま人間が担うことになります。その仕事を代行できるマシンを設計して、稼働させて、メンテナンスするよりも人間を使う方が安い仕事って……なんでしょう。僕はいまふっと「奴隷制時代のアメリカ南部の綿摘み労働」を想像してしまいましたが、ビルのセキュリティとか、床掃除とか、コンビニの棚から賞味期限が切れた食品を選び出す仕事とかがそうなんでしょうね。それを「人間にしかできない仕事だ」と言われてもあまりうれしくないですけど。

それから、さきほど「日本のメディアでは雇用消失の話はあまり好まれない」と書きましたけれど、これはたぶんマスメディアで働く人たち（全国紙の記者とか民放テレビの制作スタッフとか広告代理店の営業とか）が、「これから食えなくなる職業」のリストのけっこう上の方に出てくるからです。最新の統計では、民放テレビは感染症の影響で大幅な収益減となっています。スポンサーである企業の収益も落ちていますから、民放テレビの人件費・制作費はさらに大幅な圧縮が予測されます。誰だって、「私の職業がもうすぐなくなるようですけれど、そのプロセスと、それをもたらした歴史的文脈について詳細をレポートします」というような話はあまりしたくないですからね。別に読者・視聴者の眼から事実を隠しているというようなとげとげした話ではなくて、「なんか、気が滅入《めい》るから、報道する気がしない」だけだと思います。

だから、新聞・テレビ・広告代理店を就職先に考えている人は立ち止まって一考した方がいいと思います。そして、よく考えてくださいね。いいですか、**一般人がこの業界について知っている情報はこの業界経由でしか伝えられない**ということを。メディアにとって不利な情報をメディアは伝えません。

これまでも科学技術の進歩によって旧時代のシステムやそれに依存していた職業が消えるということは何度もありました。でも、今回のＡＩによる雇用の再編は規模と速度において歴史上に類例を見ないものです。

19世紀にイギリスで蒸気機関車が発明されて、御者《ぎょしゃ》や馬具商が雇用を失ったときでも、蒸気機関車が日用の便に供されるまでには何十年かのタイムラグがありました。ですから、「オヤジの代までは馬具一本でいけたけれど、これからは靴とかバッグとかにも商品展開していかないとダメかも知れないなあ」というようなことを考える時間的余裕があった。今度はそういう余裕がありません。ある日、いきなり、一つの業界全体が消える。

ＡＩ導入で米国でまっさきに消える職業はトラック運転手だそうです。自動運転だと、365日24時間運転し続けられて、ご飯も食べないし、休憩もしないし、交通違反もしないんですから、人間が取って代わられるのは避けられない。トラック運転手は米国だけで200万人。その人たちが自動運転の導入にともなって、かなり短期間のうちに全員失業することになります。200万人の失業者を「ＡＩに代替されてなくなるような時代遅れの仕事を選んだ本人の自己責任だ」と言って済ませるわけにはゆきません。なんとかしないと大量の失業者が次々とさまざまな業界から出てきて、消費は冷え込み、市場は縮減し、税収は落ち、治安は悪化し、アメリカ社会そのものから活力が失われる……そんな事態を座視するわけにはゆきません。連邦政府か州政府が彼らの再雇用のための研修や訓練の機会を提供しなければなりません。そこで米国でも、まだ「机上の空論」の段階ですけれども、ベーシックインカム導入が語られ始めました。

ベーシックインカムとは何か

ついでですから、ベーシックインカムの話もここでしておきましょう。ベーシックインカムはみなさんが「ポストコロナ期」を生きる上で、避けて通ることのできない事案になります。「君はベーシックインカムについてどう思う?」そう訊《き》かれる日が遠からず来ます（もう来ているかも知れません）。そのときに自分の意見をきちんと述べられるようにしておいた方がいいです。別に僕の意見をそのまま請け売りしてくれと言っているわけじゃありません。僕からは基本的な情報の提供にとどめます。あとは自分で考えてください。

ベーシックインカム（basic income）というのは「最低限所得保障」のことです。政府がすべての国民に対して、健康で文化的な最低限度の生活を送るのに必要な現金を支給する制度です。いま、だいたいどこの国でも、生活困窮者に対しては、生活保護、失業保険、医療扶助、育児支援などいろいろな現金支給がありますけれど、ベーシックインカムがそれらと違うのは、こういうさまざまな既存の社会福祉制度をほぼ**全廃**して、全国民に等しく最低限度の生活に必要な額を支給する点です。すごくシンプルな仕組みなんです。ですから、最大のメリットは制度設計に時間も手間もほとんどかからないこと。なにしろ年金とか失業保険とか生活保護とか、そういう制度が全部なくなるわけですから、それにかかわる仕事がなくなる。それまでその制度を維持管理するために雇用されていた人たちは失職してしまうわけですけれども（気の毒です）、行政コストのあまりかからない「小さな政府」は実現できます。

それからもう一つ、ベーシックインカムでは、「これこれこういう条件を満たしたものだけに支給する」という制限がなくなります。いまの社会福祉制度だと、受給者の側に「自分が困窮者であること」を挙証する責任があります。自分がいかに困窮しており、いかに生計を立てるだけの社会的能力を欠いているかを公的機関に向かって証明しなければならない。問題はここにあります。いまの制度は、その恩恵を受益することと引き換えに、受給者の側に屈辱感を覚え、恥じ入ることを要求しているのです。これは社会福祉制度の抱える本質的な倫理的欠陥だと僕は思っています。

ベーシックインカムは「受給者に屈辱感を与えない」という点でこれまでのどんな社会福祉制度よりもすぐれていると僕は思います。受給するために自分が困窮者であると名乗る必要も、証明する必要もないんですから。

もちろん、予測される欠陥はいくつもあります。全国民に生活資金を現金支給するんですから、ものすごくお金がかかります。米国で1人に年間1万ドルのベーシックインカムを支給すると、必要な金額は3兆ドルを超え、アメリカのGDPの6分の1がそこに呑み込まれてしまうそうです。

もう一つの懸念は、何もしなくても最低限度の生活は保障されているわけですから、一生ごろごろして仕事をしない人間が出てくるのではないかということです。実際に、英国には「アンダークラス」という社会階級が存在します。英国の社会福祉制度が生み出した「仕事をしない人たち」です。その話を少しします。ベーシックインカムについて考えるときに避けて通れない問題ですから。

英国の福祉政策

第二次世界大戦後に政権を取った英国労働党は「ゆりかごから墓場まで」というスローガンを掲げて、手厚い社会福祉政策を採択しました。でも、この政策は当然ながら膨大な財政支出をもたらしました。その結果、１９７０年代になると、それに対する反動で、マーガレット・サッチャーが登場します。サッチャーは「自らを助けようという意欲のある者しか政府の支援を期待すべきではない」と述べて、社会福祉予算を大幅に削減しました。このサッチャーリズムが「アンダークラス」というそれまで存在しなかった階層を創り出しました。

それまで、困窮していた人たちは政府からの支援を、権利として、事務的かつ非情緒的に受けることができました。それに対して、**サッチャーはいわば福祉制度に「情緒」を持ち込んだのです**。困窮している人たちに、政府からの支援を求めるときに、「自分がこんな貧乏になったのは自己責任です。政治が悪いわけではありません」と誓言し、恥じ入ることを強いたのです。貧者たちは**自尊心を棄《す》てる代償として、現金支給を得たのです**。

自分で自尊心を棄てた人たちに周囲の人間が敬意や親愛を示すわけがありません。サッチャー以後、福祉の受給者たちはそうして**国民的な差別と蔑視の対象**になりました。日本でも「福祉にただ乗りしている人」を罵倒する政治家や評論家がたくさんいますけれど、彼らはサッチャー主義を継承しているのです。

「アンダークラス」というのは、この「自己責任で貧乏になりました」とカミングアウトする代償に生活保護を受け、それによって国民的な差別と蔑視の対象となった階層のことです。彼らは労働していないので「労働者階級」でさえありません。そのさらに下に位置づけられる。その中には祖父母の代から孫の代まで、三代にわたって生活保護で暮らすというような人たちさえいるそうです。

サッチャー以後、英国の福祉制度は**「敗者という名の無職者」**に**「金だけ与えて国畜として飼い続けた」**とブレイディみかこさんは書いています。「国畜」ってすごい表現ですけれども、英国市民の実感としてはたぶんそれくらいに差別されているということなんでしょう。

困窮している人には住む家を与えますよ。仕事が見つからない人には半永久的に生活保護を出しますよ。子どもができたら人数分の補助金をあげますよ。の英国は、その福祉システムのもとで死ぬまで働かず、働けずに生かされる一族をクリエイトした。

（ブレイディみかこ『子どもたちの階級闘争』みすず書房、２０１７年）

「働かずに生かされ」ているアンダークラスたちは都市の一角に集住しています。その環境で育った子どもたちには**労働という概念そのものが欠落しています**。周りに働いている人が誰もいないのだから、しかたがありません。毎朝決まった時間に寝て、決まった時間に起きるとか、朝起きたら顔を洗って歯を磨くとか、外に出るときは見苦しくない服を着るとか、人に会ったら挨拶をするとか、そういう基礎的な生活習慣そのものが身についていない子どもたちが集団的に生まれて来た。彼らには社会的上昇のチャンスはありません。ですから、**アンダークラスを決して生み出さないような福祉制度を整備すること**、これがベーシックインカム制度を論じるときに忘れてはならない論点です。それを抜かした制度論は結局空疎なものに終わるだろうと思います。

米国でも、コロナによる失業者救済のために、現金支給をする法案が連邦議会で議論されています。でも、いずれも条件づけがあり、継続的なものではありません。これはベーシックインカムとは言えません。それに、米国の人たちの議論を読んでいると、悪いけれど、福祉制度が人間の心にどういう影響を及ぼすかを考えている人はほとんどいません。金と費用対効果の話しかしていない。だから、仮に米国でベーシックインカムが導入されてもうまくゆかないと思います。「自己決定・自己責任」を重く見る米国人に「福祉制度の受益者に屈辱感を与えてはならない」という話の筋道を理解させるのは至難のわざだと思います。

ヨーロッパではドイツがベーシックインカムの実験を始めました。120人が毎月1200ユーロを受け取り、この120人と受け取っていない1380人のふるまいを3年間にわたって比較分析するのだそうです。支給された現金をどういうふうに「活用」するのかを見るだけでなく、どうやってアンダークラスを生み出さないのかも重要な研究テーマになっていると思います。ドイツ人がどういう結果を出してくるのかに僕は注目しています。

その他、コロナ・パンデミックで収入が途絶えたり、仕事そのものがなくなったりした市民のためにフランスでも、デンマークでも、スペインでも、スコットランドでも、制度の検討が始まっています。ベーシックインカムについて、僕はいささか期待するところがあるんですけれど、それはこの制度が「ランティエ（rentier）」復活のきっかけになるのではないかと思っているからです。

現代のランティエ

「ランティエ」というのはフランス語で「年金生活者」のことです。「そんなの日本にもいるよ。うちの爺さんとかそうだよ」と思った方もおいでかと思いますけれど、そういうのとはちょっと違うんです。ヨーロッパでは17世紀から第一次世界大戦開戦までの200年ほどの間、貨幣価値がほとんど変わりませんでした。ですから、先祖の誰かが買った国債や公債を相続すると、贅沢《ぜいたく》さえしなければ、その金利だけで一生徒食できた。親の家に暮らしていたら、家賃は要らないし、家具什器《じゅうき》はそのまま使い回しできます。ランティエたちは、高等教育まで受けて、あとはぶらぶらしている。自由に使える小銭があって、暇だけは腐るほどあるという紳士たちが何万人という規模でヨーロッパ各都市にいたわけです。この人たちはとにかく退屈している。ですから、新しい芸術運動があると聞けば展覧会に通い、新しい文学作品が出たと聞けば朗読会を開き、新しい科学技術が開発されたと聞けば実験し、北極犬ぞり旅行も、成層圏気球飛行も、地底旅行も、「あ、オレ行くわ。どうせ暇だし」と手を挙げた。シャーロック・ホームズも、『盗まれた手紙』の名探偵オーギュスト・デュパンも、『さかしま』の美的生活者フロレッサス・デゼッサントも、みんなランティエです。誰も働かずに、ひたすら知性と感性を磨いて一生を終えた。

残念ながら、この高等遊民たちは、20世紀のはじめ、大戦間期に貨幣価値が暴落したことで、生計の道を断たれました。金利だけでは食えなくなったランティエたちは不本意ながら就職し、給料取りとして生涯を終え、そうやってこの世からランティエというなかなか愉快な集団が消え去ったのでした。

僕はベーシックインカムがうまく定着したら、「現代のランティエ」が再生するのではないかと想像しているのです。必要最低限の生活は保障されるから、生活のためにしたくもない仕事をする必要はありません。うまい具合に親から相続した家に住んでいて、家具什器も着る服も揃《そろ》っているというような場合には、「小銭があって、暇だけは腐るほどある」という人たちが集団で登場してくる。そうなったら、彼らが芸術上の、あるいは科学的なイノベーションの担い手になってくれるんじゃないか、そんな気がするのです。

イノベーションのきっかけなんて、ほんとにちょっとした「余裕」なんですから。いまだって、勤め人がみんなきちんと週休3日とれるようなゆるい勤務シフトだったら、日本の文化的発信力は一気に桁外れのものになります。これは保証します。日本人は働き過ぎです。無駄な仕事をし過ぎです。いまの半分で十分です。**人間、暇じゃないとクリエイティブなことはできません**。

ベーシックインカムの話はこれでおしまいです。だいぶ本筋から外れてしまいました。AI導入による大量かつ短期的な雇用消失について話している途中でした。これからどういう仕事がなくなるのか、という話の続きに戻ります。

マシンには代行できない仕事

意外かも知れませんが、これから弁護士も医者も仕事が減ります。

弁護士業務の23％は過去の判例を調べることなんだそうです。いま扱っている事件と似たような事件の判例を調べて、それに基づいて法廷闘争を繰り広げる。たしかにそうですね。アメリカの法廷ドラマを見ていると、弁護士チームが何十冊もの判例集を積み上げて、夜も寝ないで頁《ページ》をめくり続けて、「あった〜！　これで勝てるぞ」と手を取り合って喜ぶ……というシーンがよくありました。でも、それがなくなります。ＡＩだったら、そんな作業一瞬で終わらせてくれるからです。判例調査や契約書チェックなどの法律業務が不要になり、その分の雇用が業界から消える。

医者の雇用も減ります。みなさんの中には将来医師になろうと思っている方がいるでしょうけれども、これからの医療者の雇用の推移によく注目しておいてください。

検査データの数値をみて、患者がどのような疾病である可能性があるか、その場合にどのような薬剤や治療が適切かという判断はこれまでは医師が経験知と学術情報に基づいて下していました。でも、この判断はＡＩの方がすぐれている。この検査数値なら、疾病Ａである確率が何パーセント、疾病Ｂである確率が何パーセント、疾病Ｃである確率が……というふうに可能性のあるすべての疾病とその治療法が一覧される。

もちろん、診断仕事の全部がなくなるわけではありません。医師が患者の疾病を言い当てるのは、必ずしも検査データだけに基づくわけではありませんから。患者の顔色や、服装や、息づかいや、口臭体臭など、通常の検査の対象にならない徴候から、名医は診断を下します。

シャーロック・ホームズのモデルになったのは、アーサー・コナン・ドイルがエジンバラ大学医学部の学生だった頃に師事した伝説的名医ジョセフ・ベル先生です。ベル先生は、患者が診察室のドアを開けて、椅子に座るまでの間の観察に基づいて、患者の出身地、職業、家族構成、既往症から、今日診察に来た理由まで言い当てたそうです。

シャーロック・ホームズは『緋色の研究』の冒頭で、ワトソン医師がアフガニスタンで戦傷を負った軍医であるということを会った瞬間に言い当てますけれど、あれはコナン・ドイルが学生時代に見たベル先生の診断風景に基づくのだそうです。そういう天才的直感は直感している本人も「どうして自分にはそれがわかるのか、わからない」というものなのでたぶんAIには実装できないでしょう。

僕の友人の癌《がん》をみつけた医師がいました。その医師は友人が「お腹の具合が悪い」と言って診察に来たので、ざっと診察してから友人の奥さんに電話をかけて「すぐ大学病院につれて行って精密検査をさせなさい」と命じたそうです。「診察した範囲ではとくに異常はなかったが、あんな医者嫌いの男がわざわざオレのところに来るというのは、ただごとではない」というのが理由でした。これも立派な診断だと僕は思います。

医療者たちは実にさまざまな断片から、「データ」とさえ呼べないような微細な徴候から診断を下しております。面白いので、その話をもう少しします。僕がお会いしたある看護師の方は、「今夜を越せない患者」のそばにゆくと「死臭がする」のがわかると言ってました。ですから、病室に入ってその臭いを嗅ぐと、その患者が「朝までには息絶える」ということがわかる。そして、実際にその通りになる。看護師の同僚に、同じように「今夜を越せない患者」のそばにゆくと「鐘の音が聞こえる」という人もいたそうです。ある日、大きな事故があって、病院に重傷患者があふれてたとき、修羅場となった救急センターで、「そういうこと」を絶対に信じないと公言していた当直のドクターがついに彼女たちに向かって、「どう、この人、臭う？　鐘聞こえる？」と訊いたのだそうです。「今夜を越せない患者」は申し訳ないけれど後回しにして、生き延びられそうな患者に医療資源を優先的に配分しなければならないからです。「命の選別」というのはたいへんむずかしい問題で、正解はありませんけれども、彼女たちはその難問を診断能力を高度化することでクリアーしようとしたのではないかと僕は思います。おそらく、彼女たちもベル先生と同じように、実際には患者の無数の徴候を超高速でスキャンしていて、その結果として得られた「今夜は越せないだろう」

という診断を「死臭がする」とか「弔鐘《ちょうしょう》が聞こえる」とかいう「わかりやすいシグナル」に置き換えて認識しているのだと思います。ただ、その超高速スキャニングのプロセスを、ご本人は意識的にはコントロールしていない。

そういう直感に導かれる仕事はたぶんこれから後も生き残ってゆくと思います。つまり、**どうしてそんなことができるのか言葉では説明できないのだけれど、それと知らずに実際にやってしまっている仕事**については、マシンに代行させることができない。そして、そういう仕事は僕たちが思っている以上に多い。

現に、看護介護のように患者のそばに寄り添って、実際に身体に触れて行う医療行為については、マシンには代行できません。ちょっと古い統計資料で申し訳ないんですけれど、2010年にアメリカの労働統計局が出した「2010年から2020年にかけて雇用が増大する職業ランキング」というものがあります。これがなかなかに興味深い結果です。1位：正規看護師、3位：家庭健康ケア、4位：個人ケア補助、11位：看護補助、21位：医療秘書、29位：内科医・外科医、30位：医療アシスタント。30位までに医療・看護関係の職業が7つ入っています。30位の医療アシスタント（medical assistants）というのは病院で採血や血圧測定といった単純な医療行為に従事する労働者のことだそうです。単純作業なんですけれども、医療行為を通じて「世の中の役に立っている」という実感があるので好まれている職業だそうです。

ですから、みなさんがこれから上の学校に進んで、専門分野を選択するときには、雇用の歴史的な推移ということをよく研究してください。親たちの世代において「よい仕事」だったものがみなさんが成人した頃にも「よい仕事」であり続けるという保証はありません。

人口問題について

雇用については以上です。でも、日本の場合は社会的変動についてはもっと重要なファクターがあります。それは**人口動態**です。日本はこれから世界でも例外的なペースでの人口減少と人口構成の高齢化を迎えます。それによって、当然ながら日本社会のかたちは大きく変わります。それがみなさんのこれからの生き方に影響を与えないはずがありません。でも、僕が知る限り、**現在の日本政府部内には、これから起こる人口減少・高齢化によって社会がどう変化するかをシミュレートし、それにどう対処すべきか具体的な政策提言を行う「センター」が存在しません**。たぶん、「人口減のような気の滅入る話については考えたくない」ので、それよりは五輪とか万博とかカジノとかリニアとか、そういう「景気のいい話」をしたいんでしょう。でも、ご覧のとおり、不況と人口減少とパンデミックというネガティヴな条件下で「景気のいい話」なんかいくらしても始まりません。

はっきりしていることは、**中高生のみなさんはこのあといやでも人口減が引き起こす社会的変化に直面する**ということです。その劇的な変化の渦を生き抜いてゆかなければなりません。僕たちの世代の人間はそんな社会を見たことがありません。もちろんみなさんも見たことがない。だから、ここはみんなで力を合わせて想像力を駆使しなければなりません。

まず数字だけ示しておきます。

現在日本の人口は1億2600万人。2008年の1億2800万人をピークに減少に転じました。そして、このまま減り続けます。政府統計によると、2050年ごろに1億人を切り、2100年の人口は、高位推計で6450万人、中位推計で4950万人、低位推計で3800万人です。

あと80年後の話ですから、あまりリアリティーがないとは思いますけれど、中位推計(たぶんこのへんに落ち着くはずの数値)でも5000万人を下回ります。20世紀のはじめ頃の人口です。80年間で7700万人人口が減る。均《なら》すと、年間95万人です。和歌山県や香川県レベルの人口が毎年減ってゆく。

それと同時に高齢化が進行します。僕が生まれた1950年の高齢者率(65歳以上の人口)は4・9%でした。2018年ではそれが28・1%にまで増えました。予測では2065年には38・4%に達します。つまり、10人に4人が生産年齢（15〜64歳）を超えているということです。いまの日本は平均年齢が48・7歳で、すでに世界一の高齢社会ですから、とにかくみなさんが生きてゆくのは、人口が減り、老人の比率が高くなる社会だということです。

話を聞いただけでかなり気持ちが沈んでくるのに追い討ちをかけるようで申し訳ないのですけれど、もう一つ気になる数値があります。それは生涯未婚率です。

生涯未婚率というのは「50歳まで一度も結婚したことのない人の割合」のことです。50歳から結婚する人だってもちろんいるわけですから、「生涯」と決めつけるのは気の毒だというので去年から「50歳時未婚率」という表現に変わったそうですが、その数値です。それが、2015年のデータで、男性23・4%、女性14・0%です。**男性の4人に1人は一生結婚しないんです。**知ってましたか？

統計によると、1990年生まれの日本女性が子どもを産まない割合は40%です。現在30歳の女性なんて、周りを見渡したらたくさんいると思いますけれど、その人たちの14%は結婚せず、40%は子どもを産まないのです。ということはとりあえずわかるのは、相互扶助システムとしての親族はこれから機能しなくなるということです。経済的に困窮したり、病気になったり、何らかの手助けが必要なときに、もう親族を頼ることができません。「血縁共同体が解体した」というと、なんとなくみんな個人主義的になって、親族と付き合わなくなった……というふうに理解しがちですけれど、それだけじゃないんです。付き合いたいと思っても、もういないんです。つまり、**これから後の日本社会は、社会的に孤立した高齢者たちから構成されるようになる**ということです。

なんだか気が滅入ってきましたね。でも、そんなに気に病まなくてもいいです。日本だけの話じゃないから。ヨーロッパ諸国も韓国や中国も、このあと日本を追って人口減・高齢化局面に突入します。とくにすごいのは中国です。中国は1979年に人口急増への対応策として「一人っ子政策」というのを導入しました。子どもは夫婦に1人まで。2人以上子どもをもうける権利は特定の条件を満たす夫婦のみに認められ、その条件を満たさないまま「超過出産」した夫婦には賃金カット、昇給昇進の停止、福祉制度の資格の喪失などのペナルティが科されたのでした。この制度は2015年まで続きました。たしかにそのせいで人口抑制には成功したのですが、その反動で合計特殊出生率が1・6にまで下がりました。これは1人の女性が生涯に産む子どもの数のことで、2・1が「人口置換水準」で、これを切ると、その社会は人口減に向かいます。

中国の人口は2027年にピークを迎え、歴史上類をみないほどの急激な人口減と高齢化を迎えると予測されています。とくに、一人っ子政策では親は働き手である男児を求め、女児を妊娠すると中絶を選択することが多かったために、いま40歳から5歳までの年齢層は男性が圧倒的に多い。ということは、この人たちの相当数は生涯未婚で終わることになります。妻もいないし、きょうだいも、いとこも、おじ・おばもいません。ついに親族を形成できなかったこの数千万の男性人口が高齢化したときに、中国政府はどうやって彼らの生活を支援するつもりなのでしょうか。アメリカの人口動態学者は「北京がこの迫り来る急激な社会の変化に対処する準備ができていないことは明らかだろう」と書いていました。

人口問題は中国政府でさえ対処できないような問題なんだから日本政府が対処できなくてもしかたがないか……というのも、なんだかさびしい総括ですけれども、まあ、そういうことです。

人口減少社会への対応策

人口問題についてはもう一つ「移民問題」があります。生産年齢人口の減少という点で、日本はヨーロッパ諸国と同じ問題を抱えていますが、ヨーロッパ諸国はこの問題をイスラム圏からの移民労働者の受け入れというかたちで「解決」しようとしました。そして、失敗しました。

1950〜60年代に、若年労働力が足りないからという理由でヨーロッパ諸国は移民労働者を受け入れました。いずれ「用事が済んだら国へ帰れ」と言って雇用調整するつもりでした。でも、受け入れ国で生まれ、その国語を母語とし、その文化の中で育った世代にはもう「帰るべき祖国」がありません。でも、ヨーロッパ諸国はイスラム圏からの移民を自分たちの社会の正統な、フルメンバーとしては認めようとしないで、いつまでも「ゲスト」、一時滞留者として扱おうとする。だから、移民の二世代、三世代の人たちは国と国の隙間に落ち込んで、どこにも帰属することができなくなりました。

これは日本における「在日コリアン」のポジションと似ています。日本は「外国人実習生」とか「日本語留学生」という偽装での移民はだましだまし受け入れていますが、本格的な移民政策をとらずに来ました。それはあるいは「在日」問題を75年かけてもまったく処理できていない自分たちの政策的無能について多少は自覚的だからかも知れません。でも、このあと必ずやってくる生産労働人口の激減に際して、どうやって労働力を手当てするつもりなのか、僕が知る限り、誰からも、どこからも、「その手があったか」と膝を打つような提案は出されていません。

たぶん、どこかの時点で、「こんな仕事には意味がないから、仕事そのものを廃絶して、浮いた人員をほんとうに必要な仕事に回そう」という「生き残る仕事／消えてゆく仕事」の選別が始まることになるだろうと思います。実際、それしか手がないと僕は思います。

人類学者のデヴィッド・グレーバーによると、この世にあるさまざまな仕事のうち37％は「ブルシットジョブ（クソ仕事）」だそうです。仕事をしている本人でさえその存在を正当化しがたいほどに「完璧に無意味で、不必要で、有害でもある雇用の形態」のことです。驚くべきは、「あなたの仕事は世の中に意味のある影響を与えていますか？」という問いに「いいえ」と答えた人が英国の被雇用者の37％いたということです。

とりあえず、人々をそういう仕事から解き放って、世の中によい影響を及ぼす可能性のある仕事に振り向けるということくらいしか、人口減少社会への対応策を僕は思いつきません。何よりもみなさんがはじめから「ブルシットジョブ」を選択しないという生き方をして欲しいと思います。

以上いろいろ書いてきましたけれど、もう長くなり過ぎたのでやめておきます。僕が書いたのは「ポストコロナ期」の雇用という限定的なトピックについてですが、それだけでも考えなければいけないこと、調べなければいけないことがいくつもあることがおわかり頂けたと思います。あとはみなさんひとりひとりの仕事です。がんばってください。健闘を祈ります。

自分に固有の問題を考えること

池田清彦
生物学者

なぜエマージングウイルスが現れるか

２０２０年になってから、ＣＯＶＩＤ－19（新型コロナウイルス感染症）が突然猛威を振るいだし、学校が休校になったり、授業がリモートになったりして戸惑っている人も多いと思う。友達と会えずにコロナ鬱《うつ》になった人もいるだろうし、反対に毎日家に籠《こも》って思う存分ゲームを楽しんでいた人もいたに違いない。友達に会いたい人は学校が再開されて嬉しかっただろうし、一人でゲームをするのが楽しい人は、このままずっと休みが続いてくれたらよかったのにと思ったかもしれない。

人類に新しくとりつくウイルスはエマージングウイルスと呼ばれ、人々はまだ免疫を持っていないので、感染力が強いと瞬く間に拡《ひろ》がって世界的大流行（パンデミック）になってしまう。ウイルスによるパンデミックとして一番有名なのはスペイン風邪（スペインが発祥地ではなく、アメリカから拡がったようだ）で、1918年1月から流行しはじめ1920年12月に終息した。この感染症による死者は全世界で5000万人とも1億人とも言われている。当時の世界人口は16億5000万人だったのだから、すごい流行である。

COVID-19の死者数もこの原稿を書いている2020年8月中旬時点で、70万人を超えた。世界人口は78億人だからスペイン風邪に比べれば少ないとはいえ、この百年の間に長足の進歩を遂げた医療技術を考えれば、大変な死者数である。新型コロナウイルスはこれまでのエマージングウイルスにみられない不思議な性質を持っているが、それに言及する前に、なぜエマージングウイルスが現れるかという話をしよう。

1万年前頃の世界人口は約500万人、狩猟採集生活をしていた人類は、バンドと呼ばれる50~100人の集団として暮らしており、他のバンドとはあまり接触しなかったようだ。この時代はパンデミックはおろか、人間を固有のホスト（宿主）として、しかも人間を殺してしまうようなウイルスは存在できなかった。ウイルスは単独では存続できず、生物の細胞に寄生して、細胞の代謝機能を利用して増殖するしか存続する術《すべ》はない。もしこのような殺人ウイルスがバンドに入ってきたとして、密着して暮らしているバンドの成員は、ウイルスに感染して死ぬかウイルスをやっつけて治るかして、しばらくすると、ウイルスはバンドから消えてしまう。ウイルスを持っている人が他のバンドに行かない限り、このようなウイルスは存在できない。バンド間の行き来が滅多《めった》になかったこの時代には、そもそも、人間固有の殺人ウイルスは存在できなかったということになる。

それが、農耕を始めて集団が大きくなり、さらに他の集団との行き来が頻繁になると、感染可能な集団の成員に一気に感染が拡がることはなくなる代わりに、少なくとも、誰かが感染している状態になる。こうなるとこのウイルスは人類集団に居つく可能性が高くなる。しかし、乗り物がなかった時代、感染速度は人間の歩行速度を超えなかったので、パンデミックは起こりようがなかった。

パンデミックは世界人口が増えて、交通網が発達して、世界的規模で人の行き来ができるようになって、初めて出現したのである。人類の活動によって生じる不都合は環境問題と呼ばれるが、パンデミックは間違いなく環境問題の一つなのだ。パンデミックには2つのタイプがあって、(1)もともとは極めてローカルな感染症だったものが、交通網が発達したせいで世界に拡がった。(2)もともとは他の生物の感染症だったものが、突然変異してヒトに感染する能力を獲得して世界に拡がった。近年のパンデミックは例外なく後者のタイプである。

人口が増えて本来は野生動物の棲息地《せいそくち》であった奥地に人が入り込むようになり、野生動物と接触する機会が増えると、野生動物に固有のウイルスが人類に飛び移ってくる確率が増える。COVID－19の前に流行ったSARS《サーズ》や、現在も散発的に流行するMERS《マーズ》のオリジナル・ホスト（本来の宿主）はコウモリである。ちなみに狂犬病ウイルスのオリジナル・ホストもコウモリである。コウモリはこれらのウイルスと長い間共存しているので、感染しても症状が出ない。

人類が奥地を開発した結果、野生動物の個体数が減り絶滅に瀕《ひん》すると、野生動物をホストとするウイルスも絶滅の危機に瀕する。新しいホストを開拓しなければ存続できないかもしれない。それで、擬人的な言い方をすれば、清水《きよみず》の舞台から飛び降りるつもりで、ヒトに飛び移ってきたのだ。これがエマージングウイルスである。この観点からもエマージングウイルスは環境問題なのだ。

パンデミックは周期的に起こっているので、次のパンデミックを起こさない最も根源的な方途は、これ以上、野生動物の住処を奪わないことである。しかし、現在、世界を支配しているグローバル資本主義は人口増をシステム存続の前提としているため、人口増とそれに伴う奥地の開発を止めることは難しい。是非若い諸君には新しいシステムの構築に知恵を絞ってもらいたい。

どういう感性が適応的になるかは状況により変わる

ところで、新しいウイルスに取りつかれたヒトが、どう対処してよいかわからないように、取りついたウイルスもどう対処してよいかわからないので、簡単にヒトを殺してしまう。エボラ出血熱やSARSやMERSといったエマージングウイルスが極めて強毒なのはそのせいなのだ。しかし、ホストが死ねば、ウイルスも消滅するので、共存のためには無闇にホストを殺してはダメなのである。遺伝子の変異によって、より強毒なタイプとより弱毒なタイプが現れるとして、後者のタイプの方が適応的（人類集団に拡がりやすい）なので、一般的にはウイルスは感染力が強まると同時により弱毒化する方向に進化する。

強毒性で致死率が高い感染症に罹《かか》った人は不幸であるが、こういった感染症を制圧することはそれほど難しくない。感染した人は症状が顕著に現れるので、すぐ見つけて隔離して治療をすれば、他の人にうつす確率は低い。しかし、COVID－19を起こす新型コロナウイルスはとても不思議なウイルスで、感染者の80％は無症状か軽症で、しかも感染力はある。20％の人は重症化して、高齢者や持病のある人は死亡する確率が高い。無症状者からも感染するので、感染の拡がりを阻止することは難しい。感染者のほとんどすべてが無症状か軽症で、滅多に死なないのであれば、ただの風邪で何の問題もないのだが、高齢者の致死率は高く（70歳以上10％、80歳以上15％）、放置しておくわけにはいかない。

特効薬や、有効なワクチンが開発されればいいが、今のところ、その保証はない。先に述べたように、一般的な傾向として、ほとんどの感染症は徐々にマイルドになっていくが、特別な対策をしなくても済むようになるまで、どのくらいの時間がかかるか全くわからない。その間は、人ごみに行くときにはマスクを付けたり、ソーシャルディスタンスを保つ生活をせざるを得なくなるかもしれない。

人類は対面でコミュニケーションすることによって、文化を形成してきた。仲間と会話をしたり、会食をしたりするのは、動物の中でも人類だけの特権である。多くの動物はセックスや排せつは公然と行うが、食事は孤食である。ヒトは逆に前二者は隠れて行うが、食事はみんなで一緒にすることを好む。

たわいのない世間話をしたり、議論をしたり、話し合いで重要なことを決めたり、あるいは、みんなで集まって食事をしたりするのは、いつの時代でもどこの民族でも例外がない習慣である。それによって、人々は絆《きずな》を強めると同時に、集団の中での自分の位置を確認し、気の合う人と、気に入らない人を峻別《しゅんべつ》し、適切なふるまいをして自分の地位を上げようと努力する。

特に現在の日本のように、見知らぬ人とあまりコミュニケーションしなくとも暮らせる第一次産業の人口が減って、大多数の人が他人と頻繁にコミュニケーションしなければならない状況になると、お世辞の一つや二つ言えない人は生き辛い。しかし、COVID－19のパンデミックが長引いて、対面でのコミュニケーションが制限されると、こういったスキルはあまり役に立たなくなる。反対に表面的なコミュニケーションがあまり得意でない人にとっては、学校や会社でのタイトなコミュニケーションが減って、ストレスが軽減されて嬉しいだろう。いじめはタイトなコミュニケーションの際の齟齬《そご》から生じるので、いじめは減るかもしれない。

この状況が長く続くと、オンラインやリモートでもストレスを感じない人の方が生きやすくなる。どういう感性が社会に適応的になるかは、社会情勢が変化すれば、変わってくるのである。プレコロナ期に過適応して自分の行動パターンや考え方を変えることができない人は、ポストコロナ期を生き延びるのは大変だ。こういう状況がしばらく続いて元に戻ったからといって、しばらくの間、新しい状況に曝《さら》された人たちが、元のやり方を当然として受け入れる保証はない。リモートでうまく仕事や勉強をこなせた人は、何でわざわざ出社したり学校に行ったりする必要があるのか、疑問に感じるようになるかもしれない。日本を支えていた経済システムもまた、パンデミックを乗り切るには役に立たなかった。プレコロナ期に過適応したシステムであったからだ。

日本社会の脆弱性

ＣＯＶＩＤ－19のパンデミックによって明らかになった日本社会の脆弱性《ぜいじゃく》について述べてみたい。１つはグローバル資本主義が推し進めてきた、ヒトやモノが国境を越えて自由に行き来することが経済発展には必要不可欠であり、これを阻害する要因をなるべく取り除いた方が良いという考えが挫折したことだ。

資本主義とは生産手段を持つ資本家が、事業にかかる経費と、事業で得られる売り上げの差額を最大化しようとする運動のことだ。単純に言えば、なるべく安い労働力を使い、その結果作られた製品やサービスをなるべく高く売ろうとするシステムのことだ。そのためには、儲かる限りにおいて、ヒトやモノが国境に煩《わずら》わされずに自由に行き来できることが望ましい。日本では、生産コストを下げるために外国人労働者に門戸を開いて低賃金で雇用したり、たくさんの外国人観光客を招致して、インバウンド需要を高めようとしたりする政策がこれにあたる。

しかし、今回のコロナ禍で明らかになったことは、ヒトが自由に行き来できるシステムに依拠した経済は、感染症の蔓延《まんえん》を防ぐために出入国を制限したとたんに不調になることだ。インバウンドに頼らなくとも、やっていけるシステムに変えていく必要があるが、そのためには、少数の富裕層と大多数の貧困層に2分極化しつつある日本の所得の再分配システムを変えて、かつてのように中間層を厚くしていく必要がある。それについても是非勉強してもらいたい。また、日本の食料自給率は38％しかないので、パンデミックに限らず、非常事態になって食料が輸入できなくなると、面倒なことになる。自給率を上げるにはどうすればいいのか。これについても考えてほしい。

2つ目は経済合理性を最優先した医療システムは、パンデミックの際には医療崩壊の危機に直面することがはっきりしたことだ。平時ではムダと思っても、多少余裕のある医療システムにしておかないと緊急時にはクラッシュを起こす。ムダは必ずしも悪いことではない。それでも間に合わない時のために、超緊急時に対応できる方途をあらかじめ考えておく必要がある。次のパンデミックも必ず来るので、これは大事なことだと思う。

3つ目の最大の問題は、日本の政策決定システムは硬直化していて、時々刻々と変わる事態に全く対応できないことがはっきりしたことだ。政治家であれ、官僚であれ、彼らを育成したのは教育であるから、その根底にあるのは教育システムの硬直化である。学校の勉強は、正解が決まっている問題をいかに早く解くかということに特化しているが、現実には何が正解かあらかじめわからず、試行錯誤しながら解決しなければならない問題がほとんどだ。コロナ禍のような非常事態ではこれにさらに〝素早く〟という条件も付く。日本の政治システムはこのような問題に対してはお手上げなのだ。

若い人に言いたいことは、学校の勉強をすることも大事だけれど、それとは別に自分なりの問題を探してそれについて深く考えることはもっと大事だということだ。世間の常識や学校の方針に無理に逆らうのは、現状では時間のムダだから、なるべくスルーして、それとは全く別のあなた固有の問題を、常に頭の中に飼っておいて、折に触れてそれについて考えること。多様性という言葉が叫ばれて久しいが、最も大事な多様性はあなたの頭の中の多様性なのだ。プレコロナ期のシステムに過適応していた人も、単純な頭を鍛え直すいいチャンスである。あれこれ考えることは面白い。寛容の精神を忘れずに、これからの人生を楽しく生きてほしい。

コロナと価値のものさし

平川克美
文筆家

変わるものと変わらないもの、変えられるものと変えられないもの

最近、「コロナ以後」の変化についてよく語られるようになった。私も、新聞や雑誌の執筆依頼を受け、何本かの投稿をした。その論旨は、「コロナ以後」に起きることは、すべて「コロナ以前」に起きていたことだという身も蓋もないものであった。つまりは、大きな変化はすでに終わっていたのであり、もし変わりうるものがあったとしても、それは「コロナ以前」にすでにあり、放置していたことの中にあるというものである。

実のところ私は、この先コロナの感染がどのように広がり、どのように収束し、その結果、私たちが生きている社会がどのようになってゆくのかについて、君たちに何か語れるほどの

材料を持ってはいない。ましてや、将来を言い当てる透視力を持ち合わせているわけでもない。そもそも、将来に対して過大な期待を持ってはいないし、持つべきではないと思っている。将来に絶望しているわけではないが、過大な期待もしないということである。

ただ、これまで70年間生きてきた高齢者として言えるのは、人間というのは変化を求めながらも、あまり大きな変化は望まないものだということと、変わるとしてもそれは自分たちでもよくわからないうちに気がついていたら変わっていたという事実である。人間は、自分の変化には気がつかないものなのだ。

私が二十歳だった50年前の世界と、現代とでは驚くほどその外観は変化している。世界には戦争があり、革命があり、技術の進歩があり、制度の改革があった。１９８９年には、私が生きているうちは変わることがないだろうと思われたベルリンの壁が崩壊し、東西ドイツが統一された。そのドイツを中心にして、ヨーロッパには27ヵ国が参加する経済同盟、ＥＵが生まれた。

１９９１年には、69年間続いた社会主義国家であるソビエト連邦共和国が崩壊した。それでも、プーチン大統領のロシアに生きる人々の考え方や価値観が、フルシチョフやブレジネフ時代の人々のそれとどれほど大きく変わったのかを言うのは難しいように思う。国家の外観は大きく変化したけれど、その内実はあまり変化していないとも言えるかもしれない。

私が生まれた1950年代から60年代にかけて、アメリカでアフリカ系アメリカ人が、人種偏見と差別を解消するための公民権運動を展開し、1964年にその指導者の一人であったマルチン・ルーサー・キング牧師はノーベル平和賞を受賞した。人種隔離法は撤廃され、公民権法が制定されたのは、運動の成果である。法律上は、アフリカ系アメリカ人の人権は保障されたが、実際にはこの間全米各地で起きているBLM（Black Lives Matter）運動に見られるように、差別も、人種偏見も続いている。誤解して欲しく無いのだが、私は差別は無くならないと言いたい訳ではない。反対である。差別する人間は無くなりはしないが、差別の指標や中身は変わりうる。性差も人種も人間がつくり出したものではないが、差別は人間がつくり出したものだからだ。

何でこんな話をしているのかと思うかもしれない。私は、私たちが生きているこの世界には、変わるものと、変わらないもの、変えられるものと変えられないものがあるということを君たちに知ってもらいたいと思うのだ。

変わるものは、街の景観や、病院での治療方法や、ファッションや、レストランで皿の上に並ぶ料理の外観といったものだ。政治システムや、国家体制といったものも変わるかもしれない。法律や制度も変わるだろう。

それらはすべて人間が作り上げてきたものだ。かたちのあるなしにかかわらず、それらは人工の構築物である。人工の構築物である限り、それらは廃棄することもできるし、変えることもできる。

しかし、人間そのものは変わらない。その判断力も、知性も、徳性も、他者を思いやる優しさや、他者を羨《うらや》む心の貧しさも、嫉妬心や優越意識といったものも、心の美しさも醜さも、個々それぞれに濃淡はあるかもしれないが、全体として見れば、時代が変わっても大きく変化することはないだろう。だからこそ、私たちは千年も前の源氏物語のような物語を、読んで面白がることができるのだ。これはとても重要なことだ。

公民権運動の結果、アフリカ系アメリカ人の人権が認められる法律ができても、差別がなくならないのも、革命が起きて独裁者を打倒したはずなのに、新たな独裁者が現れてくるのも同じ理由だ。この世の中には、変わるものと、変わらないもの、変えられるものと変えられないものがある。それなのに、私たちはしばしば、国家システムや、共同体の価値観といった人間が作ってきたものは変えられずに、人間の性格や意識の方こそ変えられるのだと思い込んでしまう。もちろん、どんなものであるにせよ、長い時間を経て続いてきたものの変化には時間がかかる。場合によっては数百年もかかることがある。

それでも、人間の作ったものは変わりうるし、変えられるものであり、自然人としての人間そのものは変えることができないものだということをもう一度肝に銘じておくべきなのだ。

もし、コロナ禍のような大きな出来事の後に、人々が心を入れ替えて、その生き方を根本から変えることになるだろうというようなことを言う人が現れたら、その人の意見をそれ以上聞く必要はない。もしくは、十分に警戒し、眉に唾をつけて聞くべきだろう。

あるいは、反対に、コロナ禍のようなことがあっても、何も変える必要もないし、変わらないだろうと言う人の意見についても、同じことが言える。

そのどちらも、社会の変化や人間の本質について、重要なことを見落としているか、ファンタジー（幻想）を信じているだけだと言わざるを得ない。

さて、その上で、コロナ後の世界がどうなるのかについて考えてみたいと思う。結論から言ってしまえば、政治制度や経済システムは幾分か変更されるかもしれないが、その制度を運用する人間や、新しい経済システムによって作り出された生活や家族のあり方に関して言えば、大きな変化はほとんどないだろう。

ただ、ここで注意しておきたいことがある。

それは、人は多かれ少なかれ、重要なことを見落としたり、ファンタジーを信じ込んだりするものだが、その見落とし方や、ファンタジーの内容は、外的な要因によって大きく変化することがあるということである。これだけでは、ちょっと何のことを言っているのかよくわからないと思うかもしれない。もう少し、具体的に説明しよう。

戦後間もない頃に生まれた私は、親や教師から、貧しくとも卑しい人間になるなと言われ、困っている人や弱い人を見捨てるような人間になってはいけない、金よりも大事なことがあると教えられてきた。一言で言えば、清貧の思想である。ところが、いつの間にかこうした清貧の思想は自己欺瞞《ぎまん》であり、現実を見失った理想主義者の自己満足に過ぎないという考え方が主流になっていった。「働かざるもの食うべからず」というような言葉も、その延長線上にあったと言って良いと思う。お金儲けが肯定され、社会の進歩は、社会から非効率的なものを排除してゆくことで達成されるというように考える人々が多数派になっていったということである。いったい何が変わったのだろう。

それを一言で言えば、人々の「価値観」が変わったということになるだろう。一見、「価値観」は人工的なものではなく、人間に基底的なもののように見えるのだが、実際のところ、それは人間が共同して作り上げた人工の構築物であり、それゆえ一種のファンタジー（幻想）に過ぎない。人が作ったものは変わりうる。

なるほど、人間が「価値観」を持って思考し、行動すること自体は、時代が変わっても変わらない。しかし、「価値観」の中身は、時代によって変わりうるものだということを、私たちは経験として知っているはずである。

「コロナ後の変化」を巡って私が語り得る中心的課題は、「価値観」の問題だということが言いたいのである。

コロナは、CTスキャナーのように現代社会の病巣を映し出した

新型コロナ肺炎がこの先、どのように拡散し、あるいは収束してゆくのかについては、専門家の間でも意見が分かれている。我が国においては、この原稿を書いている時点（8月初旬）では、国による緊急事態宣言が解除され、自粛要請も限定的なものになり、観光業をバックアップするためのＧｏＴｏキャンペーンが政府によって喧伝《けんでん》されている。コロナで死ぬより、経済で死ぬ人の数の方が多いというのである。もちろん、これに対しては反対の意見が多いが、極論すればそういうことだろう。

コロナ対策を強化すれば経済が落ち込み、経済を優先すれば感染は拡大してしまうというダブルバインド状態で、政治家も、医療専門家も、経済学者も、最適解を見出せないままに時間だけが過ぎてゆくといった様相を呈しているというのが現在の状況だろう。

8月現在、感染者の数は急激な増加傾向にあり、市中感染が広がっているのは明らかで、この趨勢《すうせい》の中で、「経済を回す」ことに前のめりになることには、私は大きな違和感を感じる。馬鹿なことをしていると思う。暴風雨の時には、しばらくは家に籠《こも》っているべきなのだ。

コロナは暴風雨のようなものではなく、ちょっとした風邪みたいなもので恐るるに足らないという人もいるが、どうして今の段階で、風邪みたいなものだなんていう断言ができるのだろう。アメリカ人の死者数はベトナム戦争の死者数を超えたという報道もあったが、この先、どうなるかわからないようなパンデミックをあまり舐《な》めてかかるべきではない。インフルエンザや交通事故の死者数と比較して、大したことはないというものもあるが、それらはすでに予測可能な災厄であり、先の見えないコロナとは違う。何年か時間が経過すれば、コロナも季節型インフルエンザと同じように考えることは可能だろうが、今はまだその時期ではない。

報道を見る限り、スウェーデンは、ロックダウンをせずに、集団免疫による収束を目指すという、ヨーロッパでは独自の戦略でコロナに挑んだということらしい。6月以降、他のヨーロッパ諸国に比べると新規感染者の数は有意に減少してきているのも事実だ。しかし、これをもって、経済を止めなかったスウェーデン方式が正しかったと結論づけるのは早計だろう。なぜなら、人口10万人あたりの死亡者数で見ると、今のところ世界で第8位と高い順位にあり、アメリカやブラジルよりも高い結果になっているのだ。つまりは、スウェーデン方式が正しいのか、あるいはそうではないのかについて、本当のところはまだ誰にも断定できないということである。にもかかわらず、日本の医師や研究者の中にも、コロナは大した脅威ではないのだから、経済活動も普通通りにすべきであるという意見が散見される。一方、その反対にスウェーデンは、死者数においても、経済においても、うまくいっていないということを強調するものもいる。しかし、本当のところは、かなり長い時間が経過してみなければわからないはずだ。よくわからない問題を、わかった風に単純化する風潮こそが問題なのだと、私は考えている。

巷間《こうかん》で言われている経済か、コロナ対策かという二者択一の考え方について言えば、私は問題の立て方が間違っていると思う。それどころか、コロナか経済かという問題設定こそが、問題なのだと思っている。その理由は、追って説明しよう。

コロナ対策のような歴史上、滅多《めった》に経験しない出来事に対する対応に、模範解答はないと思うべきだ。ワクチンができるまでの間は、試行錯誤しながら、丹念に科学的、実証的データを比較検討し、あまり災厄が酷《ひど》くならないように感染のピークをずらしながら、可能な手を打っていくというのが、できうることであり、政治の役割というものだ。

おそらく、これから後も、コロナウイルス感染に伴う経済的収縮によって、世界ではこれまで経験したことのないような、様々な問題が顕在化することになるのは確実だろう。いくつかのダメージのうちで、私たちの世界に最も大きな影響を与えるのが経済的ダメージだという大方の見方に異論はない。

経済的なダメージとは、企業の倒産、失業の爆発的な増加、賃金格差の拡大、雇用機会の喪失、結果としてのGDP減少などであり、そうしたことに伴う社会不安や生活苦のことである。これは日本に限ったことではなく、発展途上の国々にとっては、「生きるか死ぬか」の深刻な問題になっている。緊急の問題に関しては、とにかく被害が過酷なものにならないための手を講じる必要があるのは当然だ。

自粛を促すために財政出動をセットにするというのは、その一つの方法だろう。破綻企業を国家が救済するということも、コロナ以後に経済を再生してゆくためには必要なことだろう。ベーシックインカムも検討の対象になるだろう。ただ、そうした政治的・経済的な対応策の是非について、専門家ではない私がここで、踏みこむのは自制しようと思う。

私は長期的な問題として、私たちにできる、今考えておかなくてはならない問題に焦点を合わせたいと思う。

「コロナか経済か」という二者択一や、「コロナも経済も」、という「新しいライフスタイル」を云々する前に、私たちがここで言っている経済とは何であり、何であるべきかを考えてみたいのだ。つまり、これまで私たちは経済発展によって何を獲得し、同時に何を失ってきたのかについて、一度立ち止まって考えてみる必要があるということである。

コロナ禍は馬鹿馬鹿しいほどの災厄を社会の様々な方面にもたらし、その結果、不毛とは言えないまでも、あまり意味があるとは思えないような近未来予想の議論が噴出しているが、そのどれもが十分に説得性のあるものになり得ないだろう。

近未来ということなら、私たちは、五里霧中の途上で、視界は遮《さえぎ》られている。私たちは、自らの方向感覚を頼りにするしかないのだ。

一つだけ確かなことは、コロナ禍が、これまで私たちが加担し、あるいは止むを得ず受け入れてきた社会が、どのようなものであったのかについて考える機会を提供してくれているということだけである。

コロナが可視化したものの評価

コロナが可視化したものとはどんなことだったのか。

すぐに思い当たるのは、私たちの社会が災害やパンデミックに対して思いのほか脆弱《ぜいじゃく》であったということである。たとえば、病院施設が考えていたほど盤石ではないことや、検査体制に関する国や地方自治体の対策が一向に改善されないこと。通勤電車の混雑は相変わらずであることや、マスクや衛生用品があっという間に品薄になってしまうこと。自粛要請されたイベント業者や飲食店などの支援が不十分で経営危機に陥っているところが多いことや、重症患者として高齢者が犠牲になることが多いことなどである。

そして、高いリスクの中で仕事をしている病院や介護施設での看護師、介護士や、ビルや町の清掃員、道路工事や河川工事従事者、宅配便を配達している労働者たちの多くが非正規労働者であり、報酬面において保護、補償されるどころかむしろ冷遇されているという事実が、図らずも露呈した格好である。

彼らは、社会を維持してゆくために必要な働き手であるわけだが、そうしたエッセンシャルワーカーに対して報いていく厚生システムや報酬の分配がうまく機能していないことが、改めて明確になったということである。

これに対して、人材コンサルタントや、金融コンサルタント、コミュニケーションコーディネーター、広報調査員など、社会に有意義な価値を提供していないように見える職種の一握りの人々が、様々な形で彼らの上前をはねたり、富を収奪したりしている。現場の労働者は冷遇され、その上位にいるスーツ姿の管理者は厚遇されている。現代社会はいつの間にか、そのように構造化されてしまっているように見える。そうした社会構造を、人類学者でアナキストのデヴィッド・グレーバーは経営封建制と呼んだ。中世封建制の現代的再現こそが経営封建制だというわけだ。経営封建制のもとでは、製造やケア労働以上に、経営封建制そのものを維持するための経営管理仕事が増殖してゆく。グレーバーは、当の本人でさえ社会にいかなる貢献もなし得ないと思っているような、無意味な仕事をブルシット・ジョブと呼んだ。この言葉を「クソどうでもいい仕事」と翻訳したのは翻訳チームの功績だ。社会に、「クソどうでもいい仕事」が溢《あふ》れていることを、この言葉によって多くの人々が実感することになるからだ。

コロナが可視化したことの一つは、私たちの社会はいつの間にか、社会にとって有益とは思えないブルシット・ジョブを増殖させ、さらには富の適性で公平な配分ということを顧慮《こりょ》しなくなってしまったということである。

世の中で本当に必要な仕事の多くは、汚い、きつい、危険という3K仕事なのに、その仕事に従事しているものが当然受けるべき報酬を受けていない。それに対して、それがなくても、世の中にさして影響を与えるとは思えない仕事に就いている連中が、不当とも言える高収入を得ている。

資本主義、自由主義という政治・経済形態の中では当然起こりうることであり、それ自体全面的に否定すべきものでないと言われるかもしれない。ただし、それが許容されるのは、こうした不平等によって生じる社会の損失を上回る社会的利益があるという前提が必要なのだ。他の政治・経済システムを選んだ結果起きる不具合よりは、被害が少ないという前提である。しかし、こうした社会の歪みが極限まで肥大化してゆけば、社会それ自体が持たなくなるというのも事実だろう。私たちの社会はどうやらその極限の少し手前まで来てしまっている。それを、コロナがはっきりと可視化したのだ。問題は、どうしてそんなことになったのかということだ。

もう一つ、指摘しておかなくてはならない問題がある。それは、惨禍の中で、人工呼吸器や人工心肺装置など、限られた医療資源をどのように分配するのかという問題が持ち上がったことである。そして、高齢者よりは、若い人々の命を優先するという命の選別（トリアージ）が議論の遡上に上がった。この問題が論じられる中で、一つの事件が起きた。それはALSを患った女性が、安楽死を望んでいることをネット上で訴え、それに呼応した医師が彼女の自宅へ赴いて安楽死させたというものだ。この事件をきっかけに、たとえば日本維新の会という政党の代表は、「人間としての尊厳や尊厳死、生き方について議論をすべきだ」（「産經新聞」ネット版、7月28日）として、尊厳死の法整備も視野に国会で議論を開始すべしとのコメントを発表した。

私は、ブルシットジョブの蔓延と、この尊厳死、安楽死の問題は一続きの同じ根っこを持った問題であると考えている。

格差、差別、優生思想

これまでのところ、コロナウイルス感染症に対する対策で、比較的うまく行ったのは、ドイツ、韓国、台湾といった国々で、徹底した検査とその結果の分析、陽性者の隔離と人が集まる劇場や商店に対する休業措置と補償を実施し、爆発的な感染の抑え込みに成功したように見える。

これに対して、イタリア、フランス、イギリス、そしてアメリカなど、個人の自由意志を尊重し、医療や介護といった公共部門の予算を削減して経済成長を追い求めてきた国々（新自由主義を推進してきた国々）は、初動の対策に後れをとり、医療崩壊を招くなど手酷い被害を被ることになった。さらに、対策に大きく遅れたブラジルやチリ、アフリカ諸国などでは感染が広がっている。

日本はどうだったのか。今のところ、安倍総理大臣が記者会見で強調したように、G7など先進国との比較で、死者数は圧倒的に少なかったのは事実である。しかし、だから日本はコロナ対策に成功したと言えるのだろうか。データが示しているのは、コロナ禍はヨーロッパ、アメリカで大きな被害をもたらしてきたが、東アジアにおいては比較的軽微な被害で済んでいるということである。だから、日本がことさらうまくいったというのは、明らかなミスリードで、韓国、ベトナム、タイ、マレーシア、インドネシア、パキスタンなどはいずれも死者数が、欧米に比べれば一桁ほど少ない。人口比当たりの死者数で言えば、日本は東アジアでは中国や韓国、インドネシアより多く、フィリピンに次いで2番目に多いのだから、日本の感染対策がうまくいっているなどとはお世辞にも言えないはずだ。

そして、これらのデータは感染第一波に関するもので、第二波以後は抗体の少ない東アジア諸国が、比較的良好なデータをこれからも維持できるかどうかは不確定だ。

そうしたことを考慮した上で、コロナが映し出した世界の病巣は、貧困層、差別される側に固定化されてしまった社会的弱者に多くの被害者を生み出しているということである。コロナは格差社会を直撃しているのだ。

格差の問題は、個人に限ったことだけではない。会社においても、これまで史上最高といわれるほどの内部留保を抱え込んできた大企業は、その資金的備蓄を切り崩しながらこの災厄を乗り越えようとしているが、内部留保の少ない中小零細企業、その日暮らしの自転車操業を続けてきたサービス業などは、業務を継続することさえ困難になっている。

おそらく、今回の災厄を奇貨として、大企業は今後ますます内部留保を積み上げて、労働分配率を切り下げる方向へ向かうだろう。そして、人件費という固定費を、景気の変動とリンクした変動費に変えることのできる非正規雇用というシステムは、企業側にとっては大きなリスク回避の方策としてこれからも増え続けることになるだろう。

このような、大企業にとってのリスク回避のための方策は、労働者にとっては地獄となるだろう。給与の減少や、不安定な雇用が固定化されることになるからだ。今回のコロナ禍が、グローバリズムや新自由主義という経済政策の結果としての貧富格差を直撃したことが明確になったにもかかわらず、コロナ後にこの経済政策が変更されるのかどうかは、未だによくわからない。本年5月、ユニセフ（国際連合児童基金）は、2020年末までに貧困下の子どもが15％増加し、最大8600万人の子どもが新たに貧困に追い込まれる恐れがあるという分析結果を発表した。

また、イングランド公衆衛生庁は、人種的マイノリティーの致死率が白人のそれに対して高かったというデータを発表している。

こうしたことが示唆しているのは、格差の拡大、人種間による不平等は、社会そのものを脆弱にし、それが持続可能性を脅かす要因になるとわかっていても、なかなかその流れを止められないということである。

どうして、そんなことになったのか。

問題の根は、経済合理主義

私たちの社会の病巣を具体的に指し示すのは難しいことではない。たとえば、格差の拡大、人種差別や障害者差別、貧困の増大、高齢者蔑視と優生思想の横行、ブルシット・ジョブの蔓延など、当事者ならば誰でも身近に感じていることだろう。総需要が総供給を上回っていた時代、つまりは拡大成長というパラダイムの中では覆い隠されていた問題が、コロナが始まる前から、すでに先進国であらわになっていた。

経済成長の時代に覆い隠されていた問題が一気に表面化し、社会は持てるものと持たざるもの、社会的強者と弱者に二極化、分断化され、その流れの中で、障害者や高齢者までが経済成長の阻害要因であるかのように言うものが増殖してきたのである。

総需要が総供給を上回っている限りは、経済成長は可能であり、貧困や格差の問題も、いつかは解決可能な問題であるかのような言説を人々に信じ込ませることは可能かもしれない。戦後、貧困は現代とは比較にならないくらいに過酷なものだったが、高度経済成長を経て、国全体が豊かになって、総体としての貧困、絶対的貧困が随分解消されたのは事実である。

しかし、先進国において、需要と供給のバランスが反転し、総供給が総需要を上回るようになると、必要のない生産物を売るための広告や、マーケティング、顧客コミュニケーション技術といった生産とは無縁の仕事が蔓延する。限られた利潤を確保するために、社会の隅々にまで配分していた資源を傾斜配分しなければならなくなる。競争優位にある部門に資源を集中して、それ以外は淘汰《とうた》されるべきだという考え方が流布されるようになる。「集中と選択」といった言葉がそれである。

この競争優位戦略こそが、現代の格差を積極的に生み出している。大企業を減税し、税の累進性を減じ、消費税を上げ、社会保障を切り下げれば、社会が格差化するのは当然である。かつての貧困や格差は、総供給の不足、総資源の不足によって生じた結果であり、いつかは解消されるべき課題として社会に位置づけられるべき問題だった。しかし、現代の貧困や格差は、もはや経済成長が望めなくなった社会の中で、競争優位に立つものが生き残るために積極的に採用した戦略の結果なのだ。

確かに、差別、格差というものはいつの時代にも、多かれ少なかれ存在した。自由主義経済のもとでは、それらはある程度許容されるというのが大方のコンセンサスでもあった。それが嫌ならば、社会の構成員全体に平等に富を分配するような共産主義的な国家を待望するか、あるいは部族社会的な贈与経済システムを夢見る他はないというものがいる。それは人間の本性と相容れない。人間が欲望の生きものである限り、利己的に振る舞うのはむしろ自然なことだというものもいる。格差も差別も人間の本性の結果なのだと。私はそうした人間の本性に関する議論をここでするつもりはない。それらは、幾分かは当たっているかもしれないが、だからといって、そうした人間が作り上げてきた社会を、人間の本性の結果だと言って肯定する必要はない。

そもそものところ、私は、今起きている問題の多くは、上記のような人間性の存在論的な「病」から発症してきたというよりは、もっと凡庸な思い違いによって始まり、それが瞬く間に世界中に弥漫《びまん》してしまったのだと思っている。ちょっとした思い違い、ボタンのかけ違いが、考えられないほど大きな陥穽《かんせい》をこの社会に拡散してしまったのではないかということである。

2010年前後を境にして、右肩上がりの経済パラダイムは反転し、成長の糊代《のりしろ》は失われた。しかし、そうであれば尚更《なおさら》、右肩上がりの時代に生まれた株式会社や、保険・年金などの社会システムや、利息をあてにした金融ビジネスのアクターたちは、経済成長こそが死活的に重要な課題であると言い続けなければならなかったのだ。しかし日本においては2009年を境にして、長期的で大幅な人口減少のフェーズに入っている。そうした状況の中で、いかにして経済成長を実現しようというのか。もともとは無理筋であるような経済成長を実現するためには、社会の無駄と思われるコストを徹底的に削減し、限られた資源をできる限り有効に使うための選択と集中戦略が必要なのだと誰かが言い出す。結果として、強者に資源を集中させ、福祉予算は切り下げられることになる。富める可能性のある競争優位にある強者に、まずは資源を集中し、そこに蓄積された富は、結果的には弱者に滴り落ちてくるというようなトリクルダウン神話が喧伝される。

そのようにして、この数十年間、いわゆる新自由主義的なイデオロギーが、西欧先進国を中心にして流布され続けてきたのである。

コロナは、そうした新自由主義的な価値観が作り上げてきた社会の弱点を直撃したのである。

ノーベル賞経済学者のジョセフ・スティグリッツがこんなことを言っている。

> 市場経済には復元力がなかったのだ。短期利益に集中し、長期安定性に注意を払ってこなかった。分かりやすくするためにこんなたとえ話をするが、多くの会社がわずかなお金を節約するために自動車からスペアタイヤを取り外した。ほとんどのときはスペアタイヤは必要ないが、タイヤがパンクしたときには必要だ。我々はスペアタイヤのない車、復元力のない経済をつくってしまっていたのだ。（「朝日新聞GLOBE＋」2020年8月2日）

コロナが映し出した社会の脆弱性とは、スティグリッツも言っているように、この社会がスペアタイヤなしで走行している自動車のようになってしまっているということである。つまり、経済効率を極限まで追い求めた結果、社会からあらゆる無駄を配し、スリム化した結果、もしもの時の備えまで削除してしまったということである。

では、なぜ私たちはそんなためのない、脆弱な社会を作ってしまったのか。そんなことをすれば、起こりうるリスクに対応できなくなるとわかっているのに、なぜリスクを冒してまで経済効率を追求してきたのか。この問いは、福島で起きた原発事故の際にも発せられたはずである。なぜ、起こりうる地震や津波のリスクが明らかだったのに、その対応を怠ったのか。いや、一旦事故が起きれば、対応することすらできなくなる原発に、なぜこれほどこだわり続けるのか。

人々に、こうした無理筋を許してきたものの正体を一言で言うなら、供給過剰の時代の合理主義思想だと私は言いたいと思う。

私は、合理的に考えることを否定したいわけではない。合理性は私たちに最も有効な判断基準の一つであることは間違いない。

ただ、私は合理性というものさしがあまりに使い勝手が良いために、他にもいくつもの判断の基準となるものさしがあることを忘れてしまっていることを指摘したいのだ。

さらに言えば、それがあまりに使い勝手の良いものさしであるために、「合理性」という概念が持つ本質的な意味とその限界を問おうとはしてこなかったのではないだろうか。

そもそも私たちが合理的であると言う場合、一つの枠組みを前提としている。たとえば合理的な治療と言う場合、医学的な枠組みにおいて理にかなっているかどうかを判断する科学的合理性を言う場合もあれば、今の予算と技術の水準においては妥当な治療であるというように経済的、技術的枠組みを想定している場合もある。あるいはまた、個別的には最適だが全体としては必ずしも最適ではないというような領域的な合理性というものも想定できるだろう。一口に合理性と言っても、そのものさしはいくつも存在しうるのだ。

政治や経済の領域において、合理的選択理論というものがある。「人間は自己の利益・効用を最大化するように行動する」という、どうやら近代経済学の中心にあるらしい考え方である。こうした「経済合理性のものさし」に従うなら、人は安いものと高いものが市場に並んでいれば、必ず安いものを選好するはずであり、同じ賃金で苦しい労働と楽な労働があれば必ず楽な労働を選好するはずであると。

この考え方は確かに、とても便利で、使い勝手が良い。消費者の行動を見ていれば、この合理的選択行動は正しいように見えるかもしれない。私たちの文明が至り付いたのは、誰もが損得で物事を判断し、消費者として行動する経済の市場であった。おそらく「人間は自己利益を最大化するように行動する」という文言は「消費者は自己利益を最大化するように行動する」と書き換えられる必要があったのだ。だが、人間は時に消費者として行動し、時に生産者として行動し、時に何ものでもないものとして行動する生きものである。

人間は自己利益を追求するが、時として自己の利益よりも他者の利益を優先することがあるということだ。そんなことは、誰もが生きている中で、経験知として持っているはずである。にもかかわらず、消費者の特性である「自己利益の最大化」を、あたかも人間の特性であるかのように思い込んだ。いや、そのように思い込まされてきたと言うべきかもしれない。

新自由主義、自己責任論、グローバル資本主義は、社会全体の価値判断を、利益・効用の大小だけで測る経済合理主義を蔓延させてきた。本来経済合理性というものさしで測れないもの、測ってはならないものにまで、このものさしを採用してきたのである。

経済ダーウィニズムと命の選別

総供給が総需要を上回ってしまうような時代において、合理性とは経済合理性のことであり、巨大企業が生き残っていくための方便でしかないことに気づくべきだろう。それは、巨大企業の生き残り戦略ではあっても、社会全体が生き残る戦略にはなり得ない。なぜなら、私たちが生きている社会も、私たち自身も、経済合理性だけで説明できるようなものではないからである。私たちは、時に経済合理的に行動するが、時にはまったく割に合わない仕事を引き受けたり、他者に贈与したり、自分のパンを他者に与えたりするようなよくわからない存在なのだ。そして、それぞれの行動に私たちを駆り立てるものさしは、経済合理性のものさしであったり、家族や共同体が生き残るための全体的給付のものさしであったり、自己犠牲のものさしであったり、アダム・スミスが否定した慈悲心や博愛心というものさしであったりする。アダム・スミスが、各人の利己心の追求が社会を発展させる原動力であると言うのは、市場の発展を説明するためであり、その場合の各人とは、市場のプレイヤーである消費者、販売者、商売人のことである。私たちは、確かに消費者としての顔を持ってはいるが、他の顔も持っている。

巨大企業は日々、経済ダーウィニズムという闘争と淘汰の戦いを続けているが、その価値観を社会のメンバーまでもが共有する必要などどこにもない。

そうであるにもかかわらず、人はしばしば巨大企業目線と価値観でことの良否を判断する。巨大企業が無くなれば、社会は富を生産できず、私たちが享受している利便性や、社会的効用を諦めなくてはならないかのように。

そうした思想の延長上に、本来は経済合理性など適応してはならないところまで、経済合理性のものさしをあてがって判断するという間違いを犯してきたのである。

その最も顕著な例が、前述した命の選別だろう。なぜ、若く元気な人間は、障害者や老人よりも価値があると考えるのか。その答えは、若く元気な人間の労働生産性が相対的に勝っているという、経済合理主義以外に見出すのは難しいだろう。

若い人々に言いたいのは、経済合理性というものさしを捨てて、慈悲心や博愛心というものさしや、公共心というものさしに変えろということではない。ただ、物事の判断をする時に、いつも一本のものさしだけで考えてはいないかを、疑ってみて欲しいのである。

冒頭の問いに戻ろう。「コロナ対策か、経済か」という問いが虚しいのは、この問い自体が経済合理性という一本のものさしで武装した経営管理者の問いだからである。私たちは、私たちが至上の価値であるかのように思わされてきた「経済」というものが、何であったのかをもう一度捉え直すべきかもしれない。経済を捉え直す時に必要なものさしは、経済合理性とは別のものさしになるだろう。

最後に、もう一度言っておこう。世の中には変えられるものと変えられないもの、変わるものと変わらないものがある。人が作り上げたものならば、それらは実体のあるものだろうが概念だろうが、変わり得るものなのだ。

マスクについて

鷲田清一
哲学者

何のためのマスク？

外出時にマスクをつけだしてもう半年になる。が、いまだに慣れない。鬱陶《うっとう》しい。とくに夏場はきつかった。なかでもマスクの下の蒸れ。汗ばむだけでなく、生温かいじぶんの息や口臭までこもり、不快なことこのうえなかった。

マスクをつけないと外出できない。そんな奇妙な状況にいまわたしたちは落とし込まれている。

「あの人かな？　いや、違うみたい」

「あの人、ひょっとして彼？　『どうしてた』って声をかけてもいいかな？」

「この人、ちょっとヘンな動きをする。あまり近づかないほうがいいかな?」

いつのまにか、そんなふうに他人のことを探っている。風采とか眼つきとか。じぶんの視線が知らないあいだに尖《とが》ってきたなあと思う。

マスクは感染予防のため、自衛のためと、あたりまえのように思ってきた。そんなある日、新聞を開くと、作家の吉村萬壱《まんいち》さんの文章が目に入った――

《「自分は絶対に他人にうつさないぞ」と考えるだけで、周りの化け物は人の顔を取り戻すものである。》(「朝日新聞」東京本社版、4月22日夕刊)

じぶんでも気づいていない罹患《りかん》を人にうつさないためにマスクはあるのだと、記事は語っていた。吉村さんもいうように、コロナ禍のさなか、わたしもまた「自分だけは絶対にうつるもんか」と意識を尖らせているうち「周りは化け物だらけ」に見えていた。だれかが近づいてくるとたんに身構えていた。けれども、マスクは人にうつさないためにこそあると考えると、たしかに「化け物は人の顔を取り戻す」……。記事を読むうち、「マスクっていったい何? 何のためにあるのか?」と、あらためて考えずにはいられなくなった。

なぜマスク姿が異様に映るのか

日々、他人の視線を怖《おそ》れる人は、べつにコロナ禍が起こらなくても、以前からいた。花粉症の季節でないのにマスクをする、そんな人がいつのまにかすこしずつ増えていたような気がする。もろマスクをしている人だけではない。往来でも電車のなかでも、人びとは見えないマスクもつけだしていた。まわりを「ないこと」にするというマスク。エレベーターのなかでたがいに視線が合わないよう宙を見つめる人。前に高齢者や妊婦が立っていても、近くで騒いでいる人がいても、気づいていないふりをしてスマホに見入る人。いや、気づいていないふりではなく、ほんとうに気づいていないのかもしれない。透明の耳栓で耳を塞ぐこと。あえてまわりの人に関心をもたないようにすること。そのことにわたしたちは知らぬまに慣れきっていたのかもしれない。

関心を英語でいえばインタレスト、それはラテン語 inter-esse に由来する語で、直訳すれば、たがいに関係しあって（inter）あること（esse）。だから利害とも訳す。その意味では、まわりを「ないこと」にするとは、文字どおり関係をもつこと、他人に関与することを拒むということだ。

でも、これを異例な事態と考えないほうがいい。マスクにあたるものをわたしたちはこれまでもずっとつけてきた。たぶんそこには二つの仕様があった。

一つは、「感染予防」。呼吸とともにウイルスが体内に入るのを防ぐというわけだ。何かを入れて何かを入れない。「感染」というのは、ここでは、たがいに別であるべきものが入り交じらないということ。そういう意味でなら、私生活や家族の生活を知られないように閉じる玄関のあの厳重な鉄製のドアがそうだった。登校が完了するとすぐに閉ざされるあの学校の門扉もそうだし、国という単位でいえば厳重な出入国管理もそうだ。ひとは個人や家族や国の内／外の境をこんなふうに強く意識し、また規制してきた、あるいはそうさせられてきた。集合住宅のあの鉄の扉など、まるで社会のいろんなほころびは最後は家族で処理しなさいと、中から開けるのではなくて外から閉められているみたいに見える。人と人の交わりを規制する仕切り、そういう関所のようなものが社会のいたるところにある。もちろん、むやみに入り交じってはならない「別にあるべきもの」は、わたしたちが選んだというよりは、社会の暗黙の約束としてあるものだ。だからほんとうはそういうかたちでしかありえないというようなものではないはずだ。

もう一つ。じぶんをむきだしにしないという意味では化粧や衣服もマスクと本質的に変わらない。マスクはたしかに、じぶんというものを護るために、じぶんとは異なる〈他〉との接触を遮《さえぎ》る皮膜ではある。いいかえると、〈他〉との仕切りをきちんとしておかないといいう強い意識があるからひとはマスクを装着する。そうだとしても、しかし、マスクはじぶん〈たち〉の〈内〉を〈外〉にたいして隠すものだとは単純にはいえない。

マスクは今でこそ異例に見えるが、顔をむきだしにすることのほうが、文明社会ではずっと異例だった。これはやんごとなき階層の人たちだけかもしれないが、かつて公家は眉を消してそのすこし上にそれこそ繭型《まゆがた》に額に描きなおした――表情の微妙な変化が眉の線に出ない――し、婦人は横髪を垂らしたり、扇子を当てたりして表情を隠した。西洋では20世紀になるまで、男性なら髭で表情を見取られにくくするのがあたりまえだった。現代でも、女性は丹念な化粧で「すっぴん」を人前では見せないようにしている。

つまり、マスク姿が異様に映るのは、顔をむきだしにするのが世間の「普通」になったからだ。他人と至近距離で接するのがあたりまえとなった都市生活では、たがいに妙な思惑がないことを証明するために素顔を晒《さら》す。それは、武器を持っていないことを証するために素手で握手をするのと似ている。

峻別するということ

現代の化粧といえば、一時期、「ナチュラルメイク」という、それまでの化粧よりいっそう手の込んだ化粧法が流行ったことがある。まるでメイクしていない自然のままの顔みたいに見せるというのがそれ。ナチュラル（自然のままの顔）をメイクする（拵《こしら》える）というわけだ。素顔の擬装である。このとき素顔じたいが仮面になっている。いや、そもそも本音を表情で隠すときも顔はすでに偽りの仮面である。その点では、マスクもメイクも基本的には変わらない。だから、極端なことをいえば、いずれマスクの装着が不要になっても、顔の下半分を白く、あるいは黒く塗りたくるようなメイクが現れても不思議ではない。いやじっさい、マスクにメッセージを描き入れて、Tシャツのようにそれを身につける人も出てきている。

ここで思い起こしたいのは、マスクという言葉じたいが顔と仮面をともに意味するということだ。マスカレードが仮面舞踏会を意味するように、マスクは顔を覆う仮面であるが、同時に「彼は甘いマスクをしている」と言うように、顔そのものをも意味する。日本語なら「おもて」（面）がそうで、「おもて」は人が被るお面をいうとともに、「おもてをあげぇ」というように素顔も意味する。

マスクには、隠すこととは逆に隠されたものがより強く意識させられるという面もある。人が何かを隠せば隠すほど見たくなるという心根もそうだろう。しかも、身体のどこを秘せられるべき部位とみなし、隠すのかは、時代によって、さらに地域によって大きく異なる。便所といえばドアがつきものだが、そのドアがなくて代わりにお面が用意してあり、用を足すときにそれを装着するという文化もあったのである。さらに、顔をすっぽり隠すのがあたりまえの地域もあれば、顔をすっぽり覆えば罰せられる地域もある。

これらに共通しているのは、表に出していいものといけないものとが峻別《しゅんべつ》されているということ。峻別するといっても、ここに何か根拠のようなものがあるわけではない。そのようにみなすのもまた暗黙の約束だということでしかない。というのも、そもそも自然には絶対に隠しておかねばならないものなどないからだ。でもその暗黙の約束を破ることは許されない。社会の秩序というものがそれによって崩れるからだ。

秩序とは、人びとが世界をどのようなものとみなし、区切っているかということだ。世界のさまざまの流動的な要素を一つ一つ、不同のもの（対象）の集合として捉えなおしてゆくこと、よいものとわるいもの、正しいことと正しくないこと、有益なものと有害なもの、敵と味方をしかと区別すること。生存を安定的なものにするために、人びとはずっとそういう共有できる秩序をつくり、修正し、維持してきた。混じってはならないもの、区別をあいまいにするものは、きびしく遠ざけられた。だからそういう秩序には、人種差別や身分差別、異邦人の排斥というのがついてまわった。じぶん（たち）とは違う者の排除だ。それらは「身の安全を確保する」という名目で、マンションのドアや学校の門扉、都市の区画などに形を変えて今も残る。眼をよくこらさないとそうとは見えないバリアーとして。

けれどもこれらのバリアー、とくに今わたしたちが回避を求められている濃厚接触が、ほんらいは人びとの喜びの源泉であったこと、あることを忘れないでいたい。人を喜ばせて喜ぶ、人が喜んでいるのを見て喜ぶというのは、人の習性ともいえるが、おそらくヒトだけのものではなくて、家族や集団を形成してきた哺乳動物には大なり小なり身についた習性であろうと、身近な小動物を見ていて思う。子どももそれ以外の動物も、体を押しつけあい、なすりつけあって、戯《たわむ》れる。押しくらまんじゅうをしているときの子どもの楽しそうなこと！

大人だってそう。頭を小突きあったり、肘鉄砲をくらわしたり、背中を撫でたり、ふざけて顔を異様に近づけたりするのが好きなもの。狭い場所で肘をぶつけながら鍋をつつくのも、体を思い切りぶつけあうスポーツも、性的な愛着も、大好きなのだ。そして生きていてよかったという思いも、そういう楽しみがあってこそ抱ける。

今、〝緊急事態〟のなかで、それとは逆に、無限定の人びととの接触に晒されざるをえない人、ウイルスに感染しやすい場で働かざるをえない人たちがいる。病院や保健所のスタッフであり、介護・保育職であり、スーパーマーケットのレジ係であり、清掃業務従事者であり、役所の窓口であり、テレワークのできない肉体労働者であり、要は現場を離れられない人たちだ。家で仕事をできる人とこのときこそ外でみなを支える仕事に就く人。その階層的分断が、先のバリアーの一つとしてあることも、このコロナ禍のなかでむきだしになった。

緩衝地帯について

マスクはたしかにそれを装着している人の存在を不明にする。けれどもそこには、消失の不安とともに、人を魅入らせる妖しさもある。他人が、そしてじぶんが、何者でもなくなるという、ぞくっとするような妖しさだ。それは世界がこれまでのかたどりを失ってしまうことの不安であるとともに、世界が別なふうにかたどられなおすことへの誘惑でもあるからだ。「もうぼくはあんな仕切りや区別にわずらわされなくていい。ずっとこのままの同じじぶんでなくてもいいのだ」という、これまでの「普通」がもはや「普通」でなくなることへの密やかな願望といってもいい。仮面の妖しさには、そういう未だ見たことのない光景へと世界を組み換える、そういう誘いがある。

ウイルス禍は、わたしたちが共有している生きものとしての秩序が、これとはまったく別の野生のいのちの秩序と接触したところから発生したといわれる。その接触の機会が世界各地の森林開発によって格段に増えた。それまで人びとは、野生の自然とのあいだに、「里山」など、一種の緩衝地帯を設けていた。それもまたマスクとおなじく境界を標《しる》す場だった。そこにはたんに「身の安全を護る」だけでなく、（さっき吉村さんも言っていたように）野生という「化け物」にもどこかその「顔」を取り戻させる、そんなリスペクトの気持ちもあったにちがいない。ともにそれぞれに生きるという、〈棲《す》み分け〉と〈共生〉の思いである。それは人びとが長いつきあいのなかで編みだした緩衝地帯であって、むやみにいじってはならないものなのである。

こういう緩衝地帯の設定の仕方というのは多様にありうる。はたしてこれから、野生とのつきあいのなかで、人と人との交わりのなかで、どんな緩衝地帯のあり方を探ってゆけばいいのか？　あるいはまたこれを裏返していえば、どんな緩衝地帯なら取っ払ったほうがいいのか？　そのことをあらためて考えるきっかけだと思えば、あの鬱陶しいマスクの装着にも意味はある。人と人がともに生き延びるにあたっていちばん大事にしなければならないことは何かと、じっくり考える機会として。

性の差異についてもおなじようなことがいえる。マスクは男女の外見の差異も最小にする。そう考えれば、男と女、それぞれの「らしさ」の仮面に立てこもり、その「らしさ」の強迫に押しつぶされるようなことも減るかもしれない。今でこそ、人は晒された他者の表情を微細に読むのに慣れているが、顔が覆われていたときはどうしたか。イスラム文化圏では、顔全体を布で被うかわりに、服の下や履き物に鈴を付けたりして、動くときのその鳴りにその人の性の漂いを悩ましく感じることもあったらしい。性と性の出会いには、顔や体つきではない、別の回路もあるはずだ。

執筆者プロフィール

斎藤幸平（さいとう・こうへい）

１９８７年生まれ。大阪市立大学大学院経済学研究科准教授。ベルリン・フンボルト大学哲学科博士課程修了。博士（哲学）。専門は経済思想、社会思想。*Karl Marx's Ecosocialism: Capital, Nature, and the Unfinished Critique of Political Economy*（邦訳『大洪水の前に』）によって権威ある「ドイッチャー記念賞」を日本人初歴代最年少で受賞。著書に『人新世の「資本論」』（集英社新書）など。

青木真兵（あおき・しんぺい）

１９８３年生まれ。埼玉県浦和市に育つ。人文系私設図書館「ルチャ・リブロ」キュレーター。古代地中海史（フェニキア・カルタゴ）研究者。奈良県東吉野村在住。２０１４年より実験的ネットラジオ「オムライスラヂオ」を配信。現在は、障害者の就労支援を行いながら、大学等で講師を務めている。青木海青子《みあこ》との共著に『彼岸の図書館――ぼくたちの「移住」のかたち』（夕書房）、『山學ノオト』（エイチアンドエスカンパニー）がある。

えらいてんちょう／矢内東紀（やうち・はるき）

１９９０年生まれ。慶応大学経済学部卒。現在は作家、経営コンサルタント、ユーチューバー、投資家として活動する傍ら、２０１９年には政治団体「しょぼい政党」を立ち上げるなど、幅広い分野で活動中。著書に『しょぼい起業で生きていく』（イースト・プレス）、『「ＮＨＫから国民を守る党」の研究』（ＫＫベストセラーズ）などがある。

後藤正文（ごとう・まさふみ）

１９７６年、静岡県生まれ。日本のロックバンド・ASIAN KUNG-FU GENERATION のボーカル&ギターを担当し、ほとんどの楽曲の作詞・作曲を手がける。ソロでは「Gotch」名義で活動。また、新しい時代とこれからの社会を考える新聞『THE FUTURE TIMES』の編集長を務める。著書に『凍った脳みそ』『何度でもオールライトと歌え』（共にミシマ社）などがある。

白井 聡（しらい・さとし）

１９７７年、東京都生まれ。早稲田大学政治経済学部政治学科卒業。一橋大学大学院社会学研究科総合社会科学

専攻博士後期課程単位修得退学。博士（社会学）。思想史家、政治学者、京都精華大学教員。著書に『永続敗戦論――戦後日本の核心』（太田出版／講談社＋α文庫）、『武器としての「資本論」』（東洋経済新報社）など。

岩田健太郎（いわた・けんたろう）
1971年島根県生まれ。島根医科大学（現・島根大学医学部）卒業。神戸大学都市安全研究センター感染症リスクコミュニケーション分野および医学研究科微生物感染症学講座感染治療学分野教授。著書に『コロナと生きる』（朝日新書、内田樹との共著）、『新型コロナウイルスの真実』（ベスト新書）ほか多数。

雨宮処凛（あまみや・かりん）
1975年、北海道生まれ。作家・活動家。00年、自伝的エッセイ『生き地獄天国』でデビュー。06年からは貧困問題に取り組み、『生きさせろ！――難民化する若者たち』はJCJ賞（日本ジャーナリスト会議賞）受賞。近刊に『相模原事件・裁判傍聴記――「役に立ちたい」と「障害者ヘイト」のあいだ』（太田出版）がある。

増田聡（ますだ・さとし）
1971年、北九州市生まれ。大阪市立大学大学院文学研究科・文学部教授。専門はポピュラー音楽研究、メディア論など。著書に『その音楽の〈作者〉とは誰か――リミックス・産業・著作権』（みすず書房）、『聴衆をつくる――音楽批評の解体文法』（青土社）ほか。

平田オリザ（ひらた・おりざ）
1962年、東京都生まれ。国際基督教大学在学中に劇団「青年団」結成。戯曲と演出を担当。現在、四国学院大学社会学部教授、大阪大学COデザインセンター特任教授。戯曲の代表作に『東京ノート』（岸田國士戯曲賞受賞）、『その河をこえて、五月』（朝日舞台芸術賞グランプリ受賞）、『日本文学盛衰史』（鶴屋南北戯曲賞受賞）。著書多数。

想田和弘（そうだ・かずひろ）
1970年、栃木県生まれ。東京大学文学部宗教学科卒。ニューヨークのスクール・オブ・ビジュアル・アーツ卒。1993年からニューヨーク在住。映画作家。台本やナレーション、BGM等のない、自ら「観察映画」と呼ぶドキュメンタリーの方法を提唱・実践。監督作品に『選挙』『peace』『演劇1』『牡蠣工場』『港町』『The Big House』『精神0』等がある。

兪炳匡（ゆう・へいきょう／Yoo Byung Kwang）
1967年、大阪府生まれ。北海道大学医学部卒業後、国立大阪病院で臨床研修。1997年ハーバード大学より修士号（医療政策・管理学）、2002年ジョンズ・ホプキンス大学より博士号（医療経済学）を取得後、米国の疾病管理予防センター（CDC）と米国の3つの大学で研究と教育に従事。2020年から神奈川県立保健福祉大学教授。論文と著書の一覧は https://www.bkyoo.org/ を参照。

山崎雅弘（やまざき・まさひろ）
1967年大阪府生まれ。戦史・紛争史研究家。軍事面だけでなく、政治や民族、文化、宗教など、様々な角度から過去の戦争や紛争に光を当て、俯瞰的に分析・概説する記事を、1999年より雑誌『歴史群像』（学研）で連載中。また、同様の手法で現代日本の政治問題を分析する原稿を、新聞、雑誌、ネット媒体に寄稿。著書多数。

三砂ちづる（みさご・ちづる）
1958年、山口県生まれ。兵庫県西宮市で育つ。京都薬科大学卒業。ロンドン大学Ph.D.（疫学）。津田塾大学多文化・国際協力学科教授。著書に『自分と他人の許し方、あるいは愛し方』（ミシマ社）、『オニババ化する女たち』（光文社新書）、『死にゆく人のかたわらで』（幻冬舎）、『少女のための性の話』（ミツイパブリッシング）など多数。

仲野徹（なかの・とおる）
1957年大阪生まれ。大阪大学医学部卒業後、内科医から研究者になる。ヨーロッパ分子生物学研究所、京都大学などを経て、大阪大学大学院医学系研究科教授。専攻は病理学。著書に『こわいもの知らずの病理学講義』（晶文社）、『みんなに話したくなる感染症のはなし』（河出書房新社）、『エピジェネティクス』（岩波新書）などがある。

中田考（なかた・こう）
1960年生まれ。イスラーム法学者。早稲田大学政治経済学部中退。東京大学文学部卒業後、カイロ大学大学院文学部哲学科博士課程修了（Ph.D.）。1983年にイスラーム入信、ムスリム名ハサン。著書に『イスラーム

――生と死と聖戦』（集英社新書）、『13歳からの世界征服』（百万年書房）、『俺の妹がカリフなわけがない！』（晶文社）など。

釈徹宗（しゃく・てっしゅう）
１９６１年、大阪府生まれ。僧侶。宗教学。相愛大学副学長・人文学部教授。論文「不干斎ハビアン論」で涙骨賞優秀賞（第５回）、『落語に花咲く仏教』で河合隼雄学芸賞（第５回）、また仏教伝道文化賞・沼田奨励賞（第51回）を受賞している。近刊に『天才 富永仲基 独創の町人学者』（新潮新書）がある。

池田清彦（いけだ・きよひこ）
１９４７年、東京都生まれ。東京教育大学理学部卒業、東京都立大学大学院理学研究科博士課程単位取得満期退学。理学博士。生物学者。早稲田大学名誉教授。構造主義生物学の立場から科学論・社会評論等の執筆も行う。カミキリムシの収集家としても知られる。著書に『構造主義科学論の冒険』（講談社学術文庫）ほか多数。

平川克美（ひらかわ・かつみ）
１９５０年、東京都生まれ。文筆家、起業家、立教大学客員教授、「隣町珈琲」店主。７５年に早稲田大学理工学部機械工学科卒業後、内田樹氏らと翻訳を主業務とするアーバン・トランスレーションを設立。１９９９年、シリコンバレーのBusiness Cafe Inc.の設立に参加。２０１４年、東京・荏原中延に喫茶店「隣町珈琲」をオープン。著書多数。

鷲田清一（わしだ・きよかず）
１９４９年、京都府生まれ。哲学者。京都大学大学院文学研究科哲学専攻博士課程単位取得。大阪大学総長、京都市立芸術大学理事長・学長などを歴任する。医療や介護、教育の現場などに哲学の思考をつなぐ臨床哲学を提唱・探求する。『モードの迷宮』『「聴く」ことの力――臨床哲学試論』（ちくま学芸文庫）など著書多数。

編者プロフィール

内田樹（うちだ・たつる）

1950年生まれ。東京大学文学部仏文科卒業。東京都立大学大学院博士課程中退。凱風館館長。神戸女学院大学文学部名誉教授。専門はフランス現代思想、映画論、武道論。著書に『ためらいの倫理学』（角川文庫）、『「おじさん」的思考』『街場の憂国論』（共に晶文社）、『先生はえらい』（ちくまプリマー新書）、『困難な結婚』（アルテスパブリッシング）、『街場の親子論』（中公新書ラクレ、内田るんとの共著）、『日本習合論』（ミシマ社）、『コモンの再生』（文藝春秋）、編著に『転換期を生きるきみたちへ』『街場の平成論』（共に晶文社）など多数。『私家版・ユダヤ文化論』（文春新書）で第6回小林秀雄賞、『日本辺境論』（新潮新書）で新書大賞2010受賞。第3回伊丹十三賞受賞。

犀の教室
Liberal Arts Lab

ポストコロナ期《き》を生《い》きるきみたちへ

2020年11月15日　初版
2020年12月5日　2刷

編　者　内田樹
著　者　斎藤幸平、青木真兵、えらいてんちょう（矢内東紀）、
後藤正文、白井聡、岩田健太郎、雨宮処凛、増田聡、
平田オリザ、想田和弘、俞炳匡、山崎雅弘、三砂ちづる、
仲野徹、中田考、釈徹宗、池田清彦、平川克美、鷲田清一

発行者　株式会社晶文社
東京都千代田区神田神保町1-11 〒101-0051
電　話　03-3518-4940（代表）・4942（編集）
URL　http://www.shobunsha.co.jp

印刷・製本　中央精版印刷株式会社

ISBN978-4-7949-7042-8 Printed in Japan